目次

十年不倫

序章　不倫アンケート

語りたがる女性たち

あなたは不倫したことがありますか？
不倫はいけないことだと思いますか？
不倫を十年続けたら、何が残ると思いますか？

大学卒業後に就職した出版社を辞め、現代に生きる女性が抱える問題をテーマとする書き手に転じて以来、延べ千人をこえる人たちにインタビューを行ってきた。デビュー作を刊行した一九九〇年、すでに「不倫」という言葉は市民権を得ていた。バブル経済の余波に乗って「小金を持った既婚男性」と「シングル女性」のカップルはあちこちで急増していたはずである。

しかし当事者から、不倫の体験談を聞くのはむずかしかった。

「私はしたことがないけれど、友だちには経験者がいる」

そんな話を聞いて、ではその友だちを紹介してほしいというと、「それは無理だと思うな。彼女もいろいろあるみたいだから」と拒否される。

本当は自分が不倫しているのだが、打ち明けるのにはためらいがあり、しかし誰かに話を聞いてほしいという思いから、「友だちが……」と、他人事《ひとごと》のふりをしているのではないかと感じることもたびたびあった。

また、不倫とはまったく関係のないインタビューが終わるころになって、相手が落ち着かなくなり、やがて決意した様子で「じつは私、不倫しているんです……」と、せきを切ったように告白が始まるという場面にも何度か遭遇した。

それから十数年がたつ今、不倫に対する意識は大きく変わった。私が「不倫の経験はありますか」と聞くと、こだわりなく語りだす人が少なくない。恋愛がテーマではない取材の中で、プロフィールを聞くと「つきあっている人はいるけれど、不倫だからあまり会えないんですよね」とあっさり言ったりもする。

こんな経験もある。女性誌の依頼で、サクセス・ストーリーの主人公として四十代の女性社長にインタビューしたときのことだ。

彼女は「恋人はいない」と断言するのだが、枯れた様子はまったくなく、艶《あで》やかでみずみずしい。安定した人間関係に支えられているような、不思議な落ち着き感もある。後に彼女と個人的に親しくなり、既婚の男性とすでに七年にわたって恋愛関係にあると知って、なるほどと思ったものだ。

不倫をテーマにしたルポルタージュや不倫のハウツー本、不倫の恋を美しくうたいあげた小説が版を重ねているのを見ても、不倫はすでにごく身近な恋愛関係のバリエーションの一つになっていることが伝わってくる。

不倫に関する公的な統計などは存在しないが、「増えている」ということは、多くの人が漠然と感じているのではないだろうか。

たとえば身近な不倫カップルが明らかになったとき、「へえー、あの人とあの人がデキていたのか」という驚きはあっても、不倫カップルの存在そのものに衝撃を受けることはあるまい。

考えてみれば、たとえば「年齢差が大きい」、「女性のほうが年上である」、「女性のほうが長身だ」、「女性のほうが収入が多い」など、かつてなら忌避された組み合わせに対する許容範囲も広がっている。一方が、あるいは双方が既婚であるというカップルも、ごく当たり前に受け止められるようになっても不思議はない。

その一方で、買い物、アルコール、仕事などに依存している女性を取材するうちに、不倫関係がその背景にあると後になってわかったり、「不倫依存症」とでも呼ぶべき病理を抱えた男女に出会ったりもした。一般化したとはいえ、不倫の本質が〝明るくライトで楽しい〟ものになったわけではないと、たびたび実感した。

そんなわけで、現代女性の恋愛、結婚、そして依存症を取材していると、不倫は避けて通れない存在である。私の取材ノートには、いわば搦《から》め手から集めた不倫のケースが徐々に集まっていったのだ。

そして取材してから数年がたち、「彼女はどうしているかな」と久しぶりに連絡をとってみると、同じ相手とまだ不倫関係が続いていたりするのである。

「えっ。もう十年越しになりますよね？」

「そうなんです。なんとなく、続いてしまって……」

複数の女性とそんな会話をかわすうちに、私の中に「十年不倫」というキーワードが浮かんできた。

もう一人の私

私自身も、二十代なかばに不倫をしていた経験がある。

仕事関係で月に二度ほど、顔を合わせる機会のあった十歳上の既婚男性が相手だった。

はじめは、みんなで食事や飲みに行くときのメンバーだったが、次第に「二次会は二人だけでバーに寄る」など、秘密の行動をとるようになった。

当時の私は仕事に夢中で、結婚願望はほとんどなかった。彼はそこそこの収入を得ていたから、高級店やタクシーを気軽に使うデートを楽しんでみたり、その一方で会うことのできない週末に寂しさをおぼえたりと、まさに不倫の王道をたどっていた。

十歳の年齢差も大きかった。彼は「自分は若い女性とつきあっている」という高揚感や優越感を失いたくないからか、つねに私を気づかい、譲歩した。

別れのきっかけになったのは、彼から九州旅行に誘われたことだった。私は行く気になっていたのだが、相談相手になってもらっていた年長の女性にその話をすると、即座に反対された。

「やめなさい。旅行なんてしたら、彼と別れられなくなってしまうわよ」

不倫について取材を進めるうちに、このアドバイスが的確だったことを私は痛感した。後に述べるが、「一緒に旅行をする／しない」は、不倫が長期間にわたるか、それとも短期間で終わるかの分水嶺《ぶんすいれい》の一つなのだ。

さて彼女に制止されたことで、私は見ないようにしていた事実を目の前につきつけられたような気がした。

彼は、妻や子どもたちに嘘《うそ》をついて、私と一緒に時間をすごしているのだ。私と「次はフグを食べに行こうね」と約束して帰った直後に、妻子に「ただいま」と笑顔を向けているのだ。

私は旅行を断わり、やがて彼と別れた。それから別の恋をしたり、結婚したり、離婚したりとさまざまな経験を重ねる中で、私は何度も自問した。

「もし九州旅行が実現していたらどうなっていただろう?」

十年不倫の女性たちは、もう一人の私だったかもしれない。

いや、昔話にはまだできない。私は現在シングルで、仕事を持ち、自分名義のマンションに住み、結婚願望はないけれど、一人ぼっちで生きるのは寂しいと思っている。既婚男性でも恋愛の対象にできることも知っている。本書でおいおいふれていくが、十年不倫の当事者となる条件が私にはすべてそろっているのだ。

最新不倫事情

ここで「不倫」という言葉の定義づけをしておこう。まず「浮気と不倫のちがい」だが、本書では恋愛感情の有無と、継続の意志の有無を基準にしたい。

浮気とは「一時の気の迷い」や「その場限りのお楽しみ」で終わる一過性の関係で、本人たちも恋人同士という自覚は薄い。不倫は精神的な結びつきがあり、それを持続する意志を共有している関係だと定義しておこう。

また、夫以外の男性と恋愛する既婚女性については、別の機会にゆずることにして、本書では「既婚男性とシングル女性」の組み合わせに焦点をしぼった。

こうして「十年不倫」の女たちに着目してみたものの、十年を越えるほど長期の不倫関係は、果たして本当に一般化しつつあるのだろうか？

その疑問を解くべく、ネットを利用したアンケート調査を行うことにした。ネットによるマーケティング調査の草分けである「マクロミル」の協力を得て、日本全国に住む三十代から四十代の女性で、既婚男性との恋愛経験があったり、進行中だったりする百三人から回答を得ることができた。

するとどうだろう。既婚男性との交際期間を聞いてみたところ、八年未満が六十五パーセントを占めるものの、「十年以上」と答えた人が二十二・三パーセントもいたのである。

さらに「つらかったこと、イヤな思い出」や「良かったと思えること、楽しかった思い出」などフリーアンサー形式での問いかけには、「マクロミル」の担当者がびっくりするほどのホットな反応があった。

調査の結果から、彼女たちの不倫事情をスケッチしてみよう。

相手と出会った場所は、「職場」が五十八・三パーセントと圧倒的に多い。次いで「趣味の場」が十六・五パーセント、「飲食サービス関連施設」が十三・六パーセントと続く。

職場の仲間とは、特に約束をしなくても定期的に顔を合わせる機会があり、理解や共感が生まれやすく、話題にも事欠かない。また、一緒にいるのを人に見られても不自然ではない。それだけに、いざ関係が生じると解消しづらく、ずるずる続くことにもなりそうだ。

年齢は、男性のほうが五〜九歳年上というのが十九・四パーセント、十〜十四歳年上が十八・四パーセント、十五歳以上年上も十七・五パーセントいる。

同い年は四・九パーセント、男性が一〜四歳年下は二パーセントのみだが、男性が十歳以上も年下だというのは、九・七パーセントを占める。シングル同士の恋愛や結婚ならばためらうような年齢差でも、不倫ならばOKということを示すのではないだろうか。

一週間に会う頻度からも、興味深い傾向が読み取れる。週に三、四回から五回以上が三十八・九パーセントもいるが、週に一回は十四・六パーセント、週に二回は八・七パーセントだけだ。そして週に一回未満が三十六・九パーセントとはねあがる。

週に二度も三度も会うような、まるで「第二の奥さん」のように生活の一部になっている（なっていた）ケースと、めったに会わず、深く静かに進行している（していた）ケースとに、大きく分かれているのだ。

その恋愛関係を、男性の妻は気付いている（いた）のかどうか。アンケートでの「相手の妻は知っています（いました）か？」の問いに、「はい」と答えたのが二十五・二パーセント、「いいえ」は三十七・九パーセントである。注目すべきは「わからない」が三十六・九パーセントもいることだ。考えたくない、考えないようにしているといった、複雑な心理が推測できる。

なぜ、長く続けることができたのか、秘訣《ひけつ》があれば教えてほしいというフリーアンサー形式の問いかけには、こんな答えが寄せられた。

「経済力」（三十四歳・東京都・現在は専業主婦）

「多くを望まず、わがままを言わないから」（四十一歳・東京都・事務系会社員）
「休日に会いたがらない。決して外泊しない」（三十五歳・東京都・技術系会社員）
「誰にも話をしなかったから」（三十一歳・千葉県・現在は専業主婦）
「自分が未婚だったので、相手に合わせることができたから」（三十一歳・東京都・現在は専業主婦）
「べたべたした付き合いではなく、恋愛というよりも、もう兄弟のような関係になっているので。あとは割り切ることぐらい？」（三十七歳・東京都・職業は『その他』）
「相手への愛情と、いろいろなことを我慢しているから」（三十六歳・大阪府・事務系会社員）

男性の家庭の領域に入り込まず、束縛もせず、熱く燃えすぎない。男性にとって「都合のいい女」だったのではと考えたくなる回答が多数派だ。フリーアンサー形式の「つらかったこと」となると、楽しいことばかりとはいかないだろう。

「つらかったこと、イヤな思い出」への答えをいくつか紹介しよう。

「自分が若いときには、相手に結婚を求めてしまい、非常につらかった」（三十三歳・大阪府・事務系会社員）
「奥さんが怒鳴り込んできたこと。土下座してあやまったこと」（三十五歳・栃木県・

現在は専業主婦）
「相手を百パーセント信じることができないのが、とても辛《つら》かった」（三十四歳・神奈川県・現在は専業主婦）
「相手が子ども、奥さんと楽しく話しながら歩いていたりしているところに出くわして知らん顔をして通り過ぎなければならなかったこと。あと『妊娠した』と伝えたら即答で『おろしてください』と言われたこと」（三十四歳・三重県・現在は専業主婦）
「関係が冷めても、職場で一緒に仕事をしなければならない」（三十九歳・大阪府・現在は専業主婦）
つまり「不倫を長く続ける秘訣」と、「つらかったこと、イヤな思い出」には相関関係がある。二つの問いかけへの答えを総合してみると、女性の側は「我慢」を強いられたり、不愉快な目にあわされたりすることが多く、長く続けられるか否《いな》かは、それらをうまくクリアできるかどうかにかかっている。
さらに「恋愛関係を清算するきっかけとなった出来事」も、この二つの延長上にある。
「とくに出来事はなく、これ以上続けても『家庭』『結婚』はできないと判断した」（三十五歳・東京都・技術系会社員）

「奥さんと子どもにすごい眼でにらまれて、奥さんのお友だち何人かにも囲まれて皆に怒鳴られたから……」(三十三歳・埼玉県・現在は専業主婦)

この問いには六十一人が答えてくれたのだが、そのうちの七人は「ほかの男性と結婚したこと」、五人は「新しい恋人ができた、ほかに好きな人ができたこと」を理由にあげた。打算的というよりも、結婚や恋愛をきっかけにしなければ、不倫の清算に踏み切れなかったのではないだろうか。

では、不倫して「良かったと思えること、楽しかった思い出」はどうだろう?

「スリルがある」(四十二歳・千葉県・事務系会社員)

「世の中の弱者や差別されている人の気持ちに共感できるようになった」(四十歳・埼玉県・公務員)

「何かするように言われたので、資格をとったこと。一生一人かもしれないと思ったので、マンションを買ったこと」(三十六歳・大阪府・事務系会社員)

「相手の奥さんから電話が来たり、普通じゃあまり経験できない修羅場を経験できたので、多少のことではうろたえなくなった」(三十一歳・東京都・現在は専業主婦)

これもまた、今までの問いかけに対する答えと連動している。どの回答の根底にも「つらい出来事もあったからこそ、成長できた、経験の幅が広がった」という意識がうかがえる。後にふれるが、このほろ苦い実感は象徴的だ。

そして、どの問いかけにも、真剣で思いのこもった回答が数多く寄せられていることに、あらためて驚く。人に話しづらい体験だけに、ふりかえったり、総括したりする機会がなく、封印していたものが一挙に噴出したような熱っぽさを感じる。


二十代、三十代での不倫経験は、個人史の中で大きな位置を占め、それからの人生の方向性を決定づける。それでいて、現在は専業主婦となっている回答者の家族は、彼女の不倫経験を知らないだろう。約六割は職場で知り合っているが、二人の関係を知る上司や同僚はほとんどいないはずだ。

家族も友だちも同僚も知らないところで、生き方や価値観、恋愛観や結婚観、男性観のベースに、不倫体験というDNAをもぐりこませている。そんな女性が、この社会にはすでに数多く存在するのだ。

それでもやはり、不倫は公式には認められない関係である。妻が夫の不倫相手に損害賠償請求の裁判を起こせば、たいていは妻が勝訴する。一般的で身近な存在なのに、表には出にくいという大きなギャップがある。

考えてみれば、現代社会を語るのに欠かせない「初婚年齢の上昇」「少子化」「離婚件数の増加」は、同時に「不倫の起こりやすい社会」であることを示すキーワードでもある。本書を読んでいるあなたが不倫の当事者ではなくても、この社会に不倫が広げている波紋と無関係ではいられないのだ。

あなたの友人が、同僚が、もしかしたら配偶者が、足を踏み入れているかもしれない「十年不倫」をしばし追ってみることにしよう。

第一章　十年不倫のかたち

釣りざおをひっこめない女性～五十代カップル～

はじめて圭一《けいいち》さん（54）に会ったのは、彼の勤務先の証券会社に近い、銀座のカフェだった。中肉中背、紺色のスーツに白いワイシャツ、地味なネクタイの彼は、頭髪がやや薄めのこともあり、年齢相応の外見だった。顔や手が日焼けしているために、くたびれた感じがする。

二度目に会ったのも同じカフェだったが、これから「有明テニスの森」へテニスをしに行くという彼の印象が一変していたので驚いた。

薄いピンクのポロシャツから伸びる腕や胸は筋肉質でたくましく、小脇《こわき》にかかえたテニスラケットとスポーツバッグがよく似合う。

日焼けした肌も、こうしてスポーツスタイルになり、帽子をかぶったところを見ると、健康的で若々しく見える。彼には「スーツの顔」と「テニスの顔」、二つがあるようだ。

スーツの顔には、二十五歳で社内結婚した専業主婦の妻と息子が二人おり、テニスの顔では、化学メーカー勤務の珠子《たまこ》さん（54）とつきあって十四年がたつ。

二人は都内の有名私立大学の同級生だ。ごく普通に卒業し、そのまま順当に進んできた圭一さんとちがい、珠子さんは苦心して現在のポジションをつかんだ。

珠子さんは言う。

「私が卒業したころは、女がずっと仕事を続けるのは異端視されてました。でも私は子どものころから成績もよかったし、やる気もあった。男子に負けずに仕事がしたかった。親はさっさと結婚しろと、うるさかったけれど……」

就職した化学メーカーでは、まず秘書課に配属されたが、異動願いを出し続けて営業部へ異動した。三十代なかばで女性を総合職に登用する制度ができると、その第一号になった。現在の肩書きは「部長代理」、女性としてはトップである。

「就職した当時は異端視されていたけれど、世の中が変わっていったでしょう。どんどん仕事しやすくなっていったの。電話で『女の人じゃわからない、男を出してくれ』と言われると、かえって燃えたりして。差別に腹が立つより、そこに切り込んでいく面白さを感じていた。メーカーには珍しい女性管理職として、女性誌に紹介されたこともあります」

グレーのスーツをきりっと着こなした珠子さんは、大柄に見えたが、並んでみると身長百五十五センチの私とあまり変わらなかった。

しゃっきり伸ばした背筋と、こちらの視線を正面からとらえる意志的な目に迫力があるため、実際より大柄に見えるのだろう。教師や親の言うなりになる優等生ではなく、自分の納得のいく方向をめざし、実現していく意志と能力をもった女性のようだ。

三十代でバブル期を迎えたのも大きい。三十歳になると親元からの独立を志し、マンションを購入した。うまく買い換えたおかげで、銀座からタクシーで千円とかからない、中央区の高層マンションに住んでいる。隅田川が一望できるテラスで、朝のコーヒーを飲むのが日課だという。

「結婚願望は薄かったし、仕事も面白かった。バブルが崩壊して、世の中も落ち着かず、毎日があっという間に過ぎた。気がついたら四十前だったというところですね。恋人は、いたりいなかったりでした。結婚しなかったのは、タイミングが合わなかったということ。もっと言えば、総合職をめざした段階で、普通の女性のコースをはずれたという意識がありました。結婚、出産は自分とはちがう人の生き方だと思っていました」

三十歳でのマンション購入も、その当時としては珍しかったはずだ。仕事を続けるなら結婚は無理だという、あきらめと開き直りが混ざり合った意識だったようだ。

特定の相手がいない時期に、同窓会で久しぶりに会った圭一さんと、お互いにテニスが趣味だとわかり「こんど一緒にやろう」と意気投合した。では、テニス仲間から「恋愛」に発展したカギは何か？

「実は私、前にも不倫したことがあります。それに圭ちゃんとは結婚したいわけじゃなし、深くは考えなかった。飲んだ帰りにうちまで送ってくれたとき『寄っていく？』と、私から言いました」

彼女に不倫体験があると知り、私は「なるほど」と思った。何度も不倫を繰り返す女性たちに話を聞くと、共通して出てくる言葉があるのだ。

「いちど不倫を経験すると、既婚者が恋愛対象に入ってしまう」

いいなと思う男性と知り合っても、彼が既婚だとわかれば「なあんだ、ダメだ」と、釣りざおをひっこめるのが正常な感覚だ。しかし「既婚男性とも恋愛ができる」と知ってしまったら、既婚が釣りざおをひっこめる理由にならなくなるのである。

珠子さんは苦笑した。

「こんなに長く続くとは思わなかったけれど。お互いに無理がないから続いたんでしょうね」

二人のデートのスタイルは、彼女の四十歳の誕生日に関係ができて以来、基本的には変わらない。

月に二～三回、テニスコートで会う。会社帰りに二人だけの場合もあれば、休日に所属サークルの試合や練習を口実に会うこともある。

コートからタクシーで珠子さんのマンションに帰り、お風呂《ふろ》とセックス。それから着替えて都心に出て、遅い晩御飯を食べ、別れる。デパ地下のお惣菜《そうざい》を珠子さんの部屋に持ち込み、テラスからの夜景を楽しみながら食後酒を飲むこともある。

「彼は和モノが好きなんで、うちに浴衣《ゆかた》を置いてあります。夏の夜、浴衣でテラスに出るのは気持ちいいですよ」

年に一度、軽井沢のペンションで行われるテニスサークルの合宿には、圭一さんの車に乗って二人そろって参加する。公言してはいないものの、二人の間柄は暗黙の了解になっているという。

合宿は土日の一泊だけだが、金曜か月曜のどちらか休みをとり、二人だけでもう一泊する。その他にも、年に一度の一泊旅行をする。今年は温泉で露天風呂つきの部屋に泊まってきたそうだ。

　車での交通費も宿泊費も、とりあえずは圭一さんが出す。

「でも彼だって楽じゃないでしょう。『ガソリン代よ』って、私の宿泊費ぶんぐらいは渡してあげます。今年は三万円出したかな」

　それにしても、なぜ十四年も続いてきたのか。圭一さんにも聞いてみよう。

彼は「いやあ」と照れながら、ぽつぽつと語ってくれた。その言葉を総合すると、次のようになる。

「妻は専業主婦で、家庭をちゃんとキープしてくれている。自分が求めたことだし、ありがたいと思う。が、たとえばテニスに誘ってもずっと断わられてきた」

　妻は知らないはずだと言う。

「知られないようにすべきだと考えています。無理をしていないから、怪しまれるようなこともないと思う」

　スーツの顔とテニスの顔、両者をうまく使い分けてきたということらしい。では珠子さんはどうか。

「大学ではまだ学生運動があったけれど、そこでも闘うのは男、女はお結びの差し入れをする、みたいな構造があった。結婚と仕事の両立は無理だし、しようという意識もなかった。でも女として枯れたくはなかった。日常のつまらない話ができる、パートナーが欲しいという気持ちもある。彼は私にとって必要な、そしてぴったりの相手、だから続いたんでしょう」

二人の会話を聞いていると、まるで夫婦のようだ。

珠子さんがテニスのガットの張り替えをしにいくと報告したら、圭一さんはこう応じた。

「じゃあついでに、ぼくのシューズの紐《ひも》、買っておいてよ」

「ラケットカバーも見て来ようか？　だいぶボロくなってるもの」

「そうだな、今のと同じのがいい。値段、調べといてよ」

安定感があり、落ち着いた関係だが、秘密だからドキドキハラハラの要素もある。二人の利害が一致したのが、十四年の理由なのだろう。

しかし、一人暮らしの珠子さんは、寂しいことはないのか。彼女は笑って答えた。

「私は男のパンツを洗うより、寂しさに耐えるほうがいい」

珠子さんは、男性中心だった職場で自分の意志でコースを選び、開拓してきたという誇りと自負を持っている。恋愛もそうだと考えているようだ。

では老後はどうなる？　それに二人はあと六年で、同時に定年を迎える。関係はどう変化するのだろうか。

「わからないです。でも未知の領域に踏み込むのは嫌いじゃない。なんとかなる……じゃなくて、なんとかしていくと思いますよ」

　珠子さんが言い、圭一さんもうなずいた。

　テニスに向かう二人を見送ってから一年ほど後のことだ。圭一さんは食道に静脈瘤《りゅう》が見つかり、破裂を予防する手術を受けることになった。入院は一週間ですむ。珠子さんは「行ってらっしゃい」と、気軽に圭一さんを送り出したが、退院の予定日から三日過ぎても連絡が来なかった。

「悪い予感がしたけれど、もし何かが起きているのなら、彼のケータイを家族がチェックする可能性がある。メールを送るわけにはいきません。ただ待つだけでした。待ちながら、気持ちの整理をつけました。まず、お葬式には行かない。うちにある浴衣や食器は捨てよう、テニスのサークルもやめようと決めました」

　予定日からちょうど一週間たって、圭一さんから電話がかかってきた。手術の予後が悪く、退院が一週間延びたのだった。関係は復活したものの、珠子さんの気持ちは変化した。

「安否がわからずにいる間、不安や寂しさを感じていました。この先、別れるときがきたら、また同じ思いをしなくてはならない。一方、入院、手術という重大な出来事が起きているのに、ノータッチでいられるのは気楽でした。この出来事がきっかけになり、彼の存在を縮小しておいて損はないと思うようになりました。別のテニスのサークルに入り直して、新しい仲間を作りました。彼と旅行するのもやめました」

珠子さんと再会したのは、以前とは別のカフェだった。会社帰りの彼女は、これからヨガ教室に向かうという。伊豆高原でのヨガ合宿にも参加したそうだ。親しくなった生徒同士で、海外旅行をする話も持ち上がっている。

「今のうちに活動を広げて、定年後の楽しみを作っておくつもりです」

不倫ブームを引きずって～四十代女性&五十代男性～

弘樹《ひろき》さん（56）は大手服飾メーカーの新製品開発部門の部長で、お相手の美香《みか》さん（44）は、社員数五人の小さな広告会社に勤めており、弘樹さんの会社から、消費者調査や宣伝などの仕事を発注してもらっている。

彼女は大学卒業後、中堅の広告会社に就職してすぐに、取引先の弘樹さんと知り合った。そのときは個人的なつきあいはなかったが、三十歳を過ぎて最年長になり、会社にいづらくなった彼女が退社してから、たまたま再会した。じきにつきあうようになり、彼の紹介で現在の会社に就職した。

二人がつきあっているのは、周囲では公然の秘密だ。彼女の勤務先、彼の部下たち、仕事上のパートナーであるデザイン事務所の人々など、多くの人が知っている。

この不倫のおかげで、彼女の会社は、着実に仕事を発注してもらっている。大手メーカーと契約しているということで、他社にも営業をかけやすい。金銭的な援助は受けていないというが、周囲は「愛人」と見ている。

美香さんは、小柄で色白、かわいらしく、ふっくらした雰囲気で、やり手のイメージからは遠い。しかし、彼女のペンケースと名刺入れとシガレットケースと財布はおそろいのブランドだ。気まぐれに選ぶのではなく、高級ブランドのラインできちんと買い揃《そろ》えるたちらしい。

神経を細部にまで行き届かせているのが感じられるが、それらの小物はすべてピンク系でラブリーだ。数千円はしそうなペンも、ピンクの花柄だ。パッと見て判断したら「ピンクの小物をたくさん持った、少女っぽさを失わない人」になるだろう。

五十代後半の男性にとって、三十代なかばに見えるかわいらしい愛人がいるのは、楽しいことにちがいない。それに彼はデート代は払っても、ホテル代の負担はない。

外食したあと、二人が向かうのは美香さんの住まいである。貯金と両親からの援助で買ったマンションだ。彼の自宅がある埼玉県戸田市から、川を渡って都内に入った板橋区にあり便利だ。彼用のバスローブとTシャツ、下着も置いてある。

美香さんは彼の出張に、こっそり同行したことが何度かあるそうだ。

「名古屋や大阪だと、私が会社が終わってから向かうと、彼も会食とかちょうど終わったころなんですよね。帰りの新幹線は、とりあえずちがう車両に乗って、知ってる人がいないかどうか確かめるんです。チケット？　それぐらいは自分で買いますよ」

仕事上の融通さえきかせれば、それ以上の大きな負担はない。美香さんの存在は、彼にとってすでに生活の一部のようだ。

私は知人の紹介で、彼女と知り合った。私は、自分が彼女の十年不倫を知っており、さらに深くたずねたいと思っていることを、彼女にどう伝えようかと迷っていた。というのも、下手な話の持ち出し方をすれば、紹介してくれた知人が、美香さんの秘密を私にもらした責任を問われかねないからだ。

おそるおそる切り出してみると、それは杞憂《きゆう》だった。美香さんは「不倫ね。まあ長いから、みんな知ってるわよね」と、さばけた口調だった。

結婚願望についてはこう語った。

「はっきり言って、結婚願望はない。というか、そこまでこだわっているわけではなく、どっちでもよかった。チャンスがあれば結婚していたかもしれないけれど、チャンスが来なかった」

彼女には、ほかにボーイフレンドもいる。その男性とはしょっちゅうメールをやりとりし、一緒に旅行することもあるそうだ。大学の同級生で既婚だ。彼女によれば「友だちと恋人の真ん中みたいな、楽しい関係」だという。

その男性と身体《からだ》の関係はあるのだろうか？

「それはまあ、適当に。束縛しあわない部分も必要ってことで」

美香さんは含み笑いしながら、肯定と受け取れる答えをした。

「夫婦だって新婚ならともかく、十年もしたら適当な感じになっていくでしょう。まあ夫婦よりは新鮮な関係でいるとは思いますが。そんなもんです」

聞かれたことにはさばけた口調で答えるが、具体的ではなく、内面の葛藤《かっとう》にふれることもない。心を開いてくれている感じはなかった。

美香さんと私はほぼ同世代である。社会に出てすぐバブル期を経験し、男女雇用機会均等法も施行された。二十代の前半で、恋愛観、結婚観、職業観の大きな変動に揺さぶられた。好景気にあおられ、不倫が「ブーム」とまで呼ばれたのもその頃だ。

年上の男性とつきあっていると、同世代のシングル男性が幼く見え、恋愛対象として考えにくくなる。美香さんのように周囲で噂《うわさ》になっていれば、出会いのチャンスも減るだろう。だから、よけいに結婚は遠ざかり「だったら不倫でいいや」に落ち着く。美香さんはそうしたサイクルにはまりこんだからこそ、長く続いたのではないか。

弘樹さんへの取材は、彼女にきびしく断られたが、彼女の周囲にアプローチして、様子を聞くことができた。

彼には息子が二人いる。専業主婦の妻は、素直な性格で、夫の浮気は知らないらしいという。

「家族に秘密を持つぐらいは難なくできる人。美香さんのほかにも、ちょこちょこ、オンナはいると思うよ」

そんな声も聞こえてきた。マメでパワフルでやり手の男性のようだ。

さて、彼女が、彼に対して強気の理由をあれこれ考えているうちに、思い当たった。デート代は、打ち合わせとして大半を経費で落としている。

明るみに出たら問題になる行為だ。彼女は、彼の弱みをにぎっているのだ。

たぶん美香さんは、いろんな意味で「あなどれない」タイプだと思う。見かけはふんわりしているし、仕事やお金への貪欲《どんよく》さをむきだしにすることはないが、内に何かを秘めていそうだ。

彼が美香さんとの飲食代を会社に請求しているという証拠をひそかに押さえてあり、いざとなったら「会社や家庭にバラすわよ」と、開き直りそうな気がする。

この二人の難関は、彼の定年退職だ。あと四年しかない。そのあと、彼女の仕事はどうなるのか。彼は、彼女との関係を続けるのだろうか。デート代ももう落とせなくなる。

「彼の退職後ですか。後任の担当者を紹介してもらいますよ、もちろん。私も、ダテに会社勤めをしてきたわけじゃないですから。なんとかしますよ」

かわいらしい容貌《ようぼう》に似つかわしくない、きっぱりした口調でピシリと返された。

二人の周囲からの情報によると、彼は、役員になれるかどうかの、ボーダーライン上にいるのだという。本社の役員にはなれなくても、子会社の役員で、六十七、八までは働けるらしい。それを考えれば、まだあと十年、彼と彼女の利用しあいは続けられるということになる。

彼が置かれている状況を、美香さんはもちろん計算ずみだろうと思う一方で、彼女の「饒舌《じょうぜつ》だが、じつは多くを語ってはいない」というアンバランスさが気になっていた。打算的な彼女が、命取りにもなりかねない不倫関係を、あっさり認めるのも不思議である。

その後、美香さんにメールを送ったが返事が来なくなり、電話にも応答しなくなった。彼女の周囲からの情報で、彼が定年退職を迎えるまで二年を切ったころ、二人の関係に大激震が起きたことを知った。弘樹さんの知人が、彼の妻に、美香さんとの関係を報告したのだ。妻は愛人の存在に気づいていたものの、十年をこえる、深い関係だとまでは思っていなかったらしい。

妻は怒りにまかせ、弘樹さんの同僚や、かつての上司にぶちまけた。弘樹さんの妻は資産家の娘である。夫婦の住まいは、妻の両親の援助で購入した都心の一戸建てだ。生活の心配がないこともあり、弘樹さんの立場を悪くするのではという配慮をする余裕を失って暴走したのである。会社の内外に噂が広がり、弘樹さんは、定年を待たずに自主退職した。美香さんもほぼ同時に会社を辞め、現在は同業の他社で、契約社員として働いている。

不倫の三世代

不倫の当事者の意識は、ここ十数年で大きく変化した。だから世代によってずいぶんとちがう。

冒頭で紹介した珠子さんのような五十代女性を、私は「不倫第一世代」だと考えている。職業的なイメージの強いおめかけさん、愛人といった存在ではなく、ひとつの恋愛の形として「不倫」を選んだ女性たちが、一定の人数がいる層として、最初に現れた世代である。

女性がふつうに仕事をする状況はまだ整っておらず、職業をもち続けるにはさまざまな障害を乗り越えなくてはならなかった。しかし、働きざかりで男女雇用機会均等法の施行やバブル経済を体験し、追い風も吹いた。

それでいて、彼女たちの結婚の対象となる団塊の世代や、学生運動を体験した世代の男性たちは、男女の役割分担に対しては保守的だ。

結婚より仕事を選びたいが、恋愛はしたい。経済的な自立を背景に、彼とは対等な関係を保ちたい。そんな女性たちが「第一世代」だ。とはいえ、まだまだタブー感は強かったから、どこか「日陰者」のイメージをひきずっていないでもない。

「不倫だけどいいパートナーだし、私にはこんな形のつきあいが向いている」

そんな諦念《ていねん》と、いい意味での開き直りを感じる。名づけるなら《不倫だけど、しかたがない》の世代である。

そして、二番目に紹介した美香さんをはじめ、現在の四十代女性は「不倫第二世代」である。

学生時代は「女子大生ブーム」だった。そしてバブルの高揚と同時に社会に出た彼女たちを待っていたのは、会社の接待交際費とタクシー券を手にした「オヤジ」たちだった。

おしゃれやグルメに目覚めはじめた男性たちは、ブランド品で華やかに着飾ったシングル女性を連れて有名レストランに行くのを、「ステータス」と考えた。連れて行ってもらう女性の側も「私はワンクラス上の男性に選ばれた」と思い、嬉々《きき》としてついていった。

不倫への敷居が一気に低くなったのは、この世代からである。バブル期に二十代だった不倫経験者の女性から、こんな言葉を聞いたことがある。

「相手は二十歳も年上の既婚のオヤジだったけど、お金と力はあったんですよね。色男にはカネと力がないと言いますが、あの頃はカネと力があるのが色男だったんですよね」

この言葉に、すべてが象徴されている。バブル経済とは、「お金の魅力」を増大させる装置だった。年齢が離れていても、既婚でも、お金があり、「深夜の六本木で、タクシーを確実に呼ぶことができる力」を持っていれば、魅力的な男性になれたのだ。

男女雇用機会均等法の施行と同時に就職した私は、まさにこの世代である。移動はすべてタクシー、メニューに値段の書いてないお店で好きなものをオーダーするといったデートが、年長の男性とならば可能だった。

不倫を「恋愛のひとつの形」として認めるようになったのは、私の世代が走りだろう。まだまだ後ろめたさはあり、人に話すには勇気が必要だったが、「好きになった相手がたまたま既婚だっただけ」と自分に言い訳することができた。

つまり第二世代は《不倫だけど、まあいいか》の世代である。

では、現在の三十代女性はどうか。「不倫第三世代」の彼女たちを、私は《不倫だけど、それが何か？》の世代だと考えている。

不倫への敷居は低くなったものの、まだまだ抵抗感がある。じっさいに始めてみれば、さまざまな葛藤《かっとう》や計算ちがいに直面する。だから「それが何か？」と、肩に力を入れずにはいられない。

その一人、春奈《はるな》さん（35）を紹介しよう。

結婚はしたいけど……〜三十代女性&四十代男性〜

十二年前のことだ。都内の私立大学を出て、自動車部品メーカーに就職したばかりの春奈さんは、隣の部署の課長である、当時三十二歳だった雄介《ゆうすけ》さん（44）に食事に誘われた。

同期入社の男女も一緒だったから気軽に参加した。春奈さんの上司は四十代で、オヤジギャグや下ネタが大好きだが、最年少課長の雄介さんは、若々しく、聞き上手だった。

「いい課長だなあ、うらやましいなあと思いました。今よりずっと痩《や》せてたし、ね」

かたわらにいる雄介さんに、春奈さんは笑顔を向けた。彼女は営業部にいたが、特にキャリア志向というわけではない。

雇用機会均等法とバブルに後押しされた美香さんや、異端視されたという珠子さんの世代とはちがい、本人によれば「普通に就活して、普通に就職しました」という。

現在の二十代のように「就職するか、しないか」の迷いにとらわれることもなく、肩肘《かたひじ》はらず、流れに乗って社会に出たのだ。

「高校に行くか、行かないかと迷ったことはないのと同じように、大学、就職と進んできました。結婚も、そういうふうに進んでいくだろうなと、漠然と思っていました」

春奈さんは身長百六十センチほど、Mサイズらしいスカートが、ややきつい様子だ。新宿の地下街や駅ビルにある低価格のOL向けブティックチェーンの紙袋を持っていた。

胸のラインを強調するジッパーつきのカットソーを着ているが、それはセクシーさを演出するためではなく「流行しているから」に見えた。流行の最先端と最後尾のまん中あたりにいようとする、無難な保守系という雰囲気がある。

結婚願望はさほど強くなかったが「いずれするだろう」という期待はあり、夢も抱いていたという。

雄介さんと会社の帰りにたまたま会い「ちょっと飲んでく？」と言われると、恋愛対象とはまったく考えていないからこそ、気軽に応じた。地方出身で、大学時代からずっと一人暮らしである。生活はギリギリだから、おごってもらえるのが嬉《うれ》しかったという。

大手町にある会社からは三駅五路線が使えるが、彼女と雄介さんは同じ路線を使っていたために、二ヶ月に一度ほどそういう機会があった。

関係が変化したのは、春奈さんの転職がきっかけだ。女性社員の派閥抗争にうんざりして辞め、派遣社員になったのだ。

彼女が辞表を出した直後に、そうと知った雄介さんは驚き、いさめた。

「彼は、派遣社員でやっていけるのは若いうちだけだと言うんです。もう辞めたなら仕方ないが、次はなんとしてでも正社員をめざせと、しつこく言われたんです」

まだ二十三歳の春奈さんには、そのアドバイスはピンと来なかった。

「派遣社員はいろんな会社が見られて面白いだろうし、収入がダウンするかわり、休みやわがままがきくんだから、かまわないと思ってました。それに……やっぱり『いずれ結婚するんだし』という意識があったんですよね」

雄介さんは、当時の気持ちをこう説明する。

「隣の部署だから、彼女の動きがよくわかる。娘というには年が近すぎるし、妹にしては離れてる、なんというかな、気になる後輩って感じですね。かわいいなとは思ったけれど、恋愛感情ほどではない。辞めると聞いて、実は腹が立ったんです。オレは聞いてないぞ、と。だから派遣はやめたほうがいいとか、腹立ちまぎれに説教したんです」

春奈さんは笑って付け加える。

「私はアドバイスだと思って聞いていたし、相談相手になってもらっているつもりでした」

もっとも派遣社員をはじめてみると、春奈さんは後悔する。

「収入ダウンは、やっぱり大きいですよ。契約期間の途中で打ち切られてしまい、自分のせいかなあ、問題があったかなあと落ち込むこともある。なかなか恋人ができないのも困りました。お金がないので、あんまり遊びに行けないから、出会いのチャンスも少ないんです。派遣先の社員との出会いを期待してましたが、それも、なかなかなくって……」

派遣社員を二年ぐらい楽しんでから結婚するという、漠然と期待していたコースをたどれそうもない。焦《あせ》りを感じはじめるうちに、一線を越える日がやってきた。

二軒目のバーを出たあと、雄介さんの自宅とは方向ちがいにもかかわらず「送っていくよ」と彼はタクシーを拾い、「とりあえず練馬方面にいって」とだけ運転手に言った。車内で手をにぎられたとき、春奈さんは拒否しなかった。

彼女の住まいが近づき、運転手が「この先どこへ行きます?」と問いかけると、雄介さんは「ええっと」とあいまいな返事をしてから、春奈さんの顔をうかがった。春奈さんがかすかに微笑《ほほえ》んで見せると、彼は「二人ともこのへんで降ります」と告げた。

春奈さんはタクシーの中での彼の微妙な意思表示を「ふんふん、なるほど、そういうことね」という余裕とおかしみをもって受け止めていたようだ。しかし、彼は「妻以外の女性と親しい関係になったことは一度もない」と断言し、かなり緊張していたという。

「私は長く続けるつもりはなかったんです。恋人ができるまでのツナギと言ったら言い過ぎだけど……。つきあうとかそういう感じじゃなくて、まあ一度ぐらい、そういうことがあってもいいかな、というゆるい気分でした」

私が二人に会ったのは大手町にある、ビジネス向けの古いタイプの喫茶店だ。コーヒーが六百円と高いが、テーブル同士の距離があって話しやすい。彼の会社に近いことが私は気になったが、一緒にいるのを人に見られても不自然ではないという。

春奈さんは私の質問に対して身構えずパッパと即答するが、雄介さんは春奈さんを気にしながら口を開く。

結局のところ、十年も続いたのは「恋人ができなかったから」だと春奈さんは明快に言う。

しかし、恋人ができない、できても長続きしないのは、雄介さんの存在があったからだろうと私は思った。

たとえば二十八歳前後のころの恋人である一つ年下の会社員とは、こんなつきあいだったそうだ。

「私は週イチぐらいのデートでいいのに、彼は、毎日でも会いたがるんです。彼のことを好きは好きなんだけれど、あまりにストレートすぎて、引いちゃうんですよね。電話がかかってきても留守録にしておいて出なかったり。すると彼は、また焦って連絡してきて、うざいなあと思っちゃう」

恋人らしい男性がいる時期は、雄介さんとは食事だけのつきあいだ。雄介さんに恋人の存在を知らせたことはないが、そうと察するのか深くは追って来ないという。とはいえ、戻ることのできる相手がいるという春奈さんの余裕が、若い恋人を焦らせ、追いかける立場に押しやる。だからまた春奈さんは余裕を持ってしまい、恋愛に盛り上がっていけないという悪循環だったと推測される。

春奈さんと雄介さんはこの十年で、箱根、仙台、山梨《やまなし》と三回の国内一泊旅行をした。

「駆け足ですけどね。ドライブして、温泉とかに泊まって、翌朝はさっさと帰ってくる。でも腕とか組んで歩けるのは楽しいです。いつか二泊したいと言ってるけど、なかなか実現しないですね」

ふだんは月に三回か四回デートする。たいていは食事だけだが、月に一度ほどは彼女の部屋に寄る。そこから雄介さんの自宅までは、電車では乗換えが三回あり、タクシーだと五千円以上かかるという。

そこで春奈さんは、急にちがう話題を持ち出した。

「会社の人で、飲み会ですぐ寝ちゃうおじさんがいるんです。でも家が遠くてタクシーでは帰れない。終電が近くなると、それまで熟睡してたのに、ガバッと起きて帰っていくんです。動物の帰巣《きそう》本能みたいに。その人が寝てる間は、みんな安心して飲んでて、ガバッと起きると、みんなも『そろそろ帰んなきゃ』って思うんです」

どういう意味かと思ったら、彼女の部屋に雄介さんが寄ったとき、似たような行動をとるのだという。

「つきあいはじめたころは、とくにそうでした。タクシーで帰ったりしたら、怪しまれるということもあるんでしょう。パッと起きて、終電に間に合うように帰っていくんです。熟睡しちゃってるのを起こしたこともあります。起こすのはかわいそうだけど、結局は起こしたほうがいいわけだから……」

春奈さんは彼との行為について事細かに語りはしなかったが、彼女も私も、ケーキのようにカラフルなせっけんをはかり売りすることで有名なブランドをたまたま愛用しているのがわかると、こんな話をした。

「一回分が三百円以上もする入浴剤がありますよね。二人でクンクンにおいをかいで、慎重に選ぶんです」

泡だらけの浴槽に二人でつかるのだろう。そうした行為のあと、電車で三回も乗り換えるのは体力的にきついにちがいない。関係が二年、三年と長引くうちに、彼は乗換駅までタクシーに乗るようになり、四十を過ぎたころからは、ほとんど家までタクシーを使っているという。

「最近は、月イチより減ったかもしれませんね」

彼女は、「交際相手が結婚していること」と、「結婚相手が見つからないこと」を分けて考えているが、根っ子は同じではないだろうか。

雄介さんのアドバイスで、彼女は派遣社員からふたたび正社員をめざした。幸いなことにインテリアメーカーに採用され、今も勤めている。皮肉なことに、その安定が結婚というステップアップへのモチベーションを下げ、十年不倫に至ったとも言える。

「これからですか？　それはやっぱり、結婚したいです。今のまま四十歳は迎えたくない。別れる理由は今のところないんで、やっぱり、恋人づくりが目標ですね」

雄介さんはどう考えているのか。

「たまたま続いちゃった感じですからねえ」

雄介さんは相変わらずあいまいな言い方をする。

「彼女に対する責任というか、そういうものは考えていらっしゃいますか?」

「痛い質問ですね。微妙だなあ」

春奈さんはのびのびと話すが、雄介さんは彼女の反応を気にして答えをぼかす。二人のその温度差の理由は、後になってわかった。春奈さんと二人きりで再び会ったとき、彼女は明るい調子でこんな打ち明け話をしたのだ。

「彼はEDだったんです。最初は私ともダメでした。四回目のときに、最後までちゃんとできて、二人ともすごく感動しました」

その強烈な体験から、彼は春奈さんに強く執着しているらしい。だから春奈さんには〝追いかけられる側〟の余裕がある。それもまた、彼女の不倫を十年もたせた快適さにつながったのだろう。

その「快適さ」は、シングル男性の恋人ができた後も、彼女を束縛し続けている。春奈さんと雄介さんの二人に話を聞いてから二年ほどたったとき、彼女に一目ぼれした六つ下の男性に押し切られる形で交際が始まった。三十代後半にさしかかっていた春奈さんも、彼との結婚を意識するようになった。四十代をシングルのまま迎えたくないと言っていた彼女には、喜ばしいはずの出来事だ。

とはいえ過去の春奈さんは、シングル男性の恋人が現われても、結局は雄介さんに戻っている。今回も、雄介さんとの関係を完全には断ち切れていない。

「たまにメールして、ごはんを食べる程度です。今度はちゃんと結婚までたどり着きますよ。前に行った箱根の温泉旅館から、優待券が送られて来たので、一緒に行っちゃったけれど……」

結婚するという意志は固いようだが、同居や入籍の時期は未定である。

「彼も派遣社員なんです。実家にいるから暮らしていけるけれど……。正社員をめざしてがんばってくれていますから……。結婚の予定が立ったら連絡します。パーティぐらいは開きたいから……」

春奈さんとは共通の知人がいるため、取材を終えた後も、何度か顔を合わせる機会がある。歯切れの悪い言葉を最後に、結婚したという報告はまだ来ない。

不倫を長続きさせる条件

ここまで紹介してきた三組のカップルが、それぞれの関係を深めていくプロセスをふりかえってみると、二つの共通項が浮かび上がってくる。

まずは「旅行」である。珠子さんはテニス合宿を口実に、美香さんは出張に同行し、春奈さんは新しい恋人ができたのに、雄介さんとふたたび箱根に出かけた。

不倫ではない恋人や友人との関係でも、旅行は間柄を一歩深める。さらに不倫カップルにとっては、不倫につきもののモヤモヤをリセットし、長続きさせる効果をもたらすのだ。秘密の旅行を実行できるほど、不倫を続けやすい環境が整ったということも示す。

不倫カップルにとって、旅行とは、一つの「橋」を渡り、次のステージにうつったことを意味するのだ。

また、女性が男性を自分の部屋に招き入れているのも、三人の共通項であり、もう一つの「橋」ではないだろうか。

男性の立場になってみると、部屋に招き入れてくれるシングル女性はとてもありがたいはずだ。人目をしのんだり、時間と場所を合わせたりする手間がかからない。お金も使わずにすむ。

不倫の常習犯である四十代男性から、こんな話を聞いた。

「ポイントは自分も一緒にキッチンに立ち、手伝うこと。そうすれば機嫌をそこねることはない。彼女だけにお金を使わせないほうがいいが、『はい食費』と現金を渡すと、女性は『私はあなたの妻じゃない』と反発しがちなので避け、おしゃれっぽい輸入食品などを持参する」

シングル同士であれば、お互いの生活ぶりを見せあうのは「人生をともにするパートナーになるかもしれない」という未来への第一歩でもある。しかし既婚男性との関係性で考えれば、女性には失うものも大きい。

人を部屋に入れるということは、自分の生活ぶりや、受けてきたしつけ、価値観など素顔を見せるのと同じだ。

手の内をさらけだした側は、どうしても弱い立場になる。まして部屋を待ち合わせ場所にしたりすると、女性はつねに「待つ側」に置かれ、何時に会うかという決定権を男性に渡すことになる。

部屋に入れるだけでなく、手料理をふるまい、パジャマや着替えを置き、彼の着た服を洗濯するうちに、非日常性はどんどん薄れ、「生活」になっていく。

旅行する、部屋に入れるというのは、彼を生活の一部に繰り入れるということだ。いったんできあがった日々の暮らしをくつがえすのには、大きなエネルギーがいる。このまま不倫を続けていいのか、自分はどうすべきかを自問する機会も奪われる。

彼女たちは旅行や手料理という橋の前に、「性交渉をする」「恋人同士であると認識しあう」という橋も渡っている。一つ渡るたびに二人の関係性はさらに進み、お互いに必要な存在になっていく。

また、この先に紹介するケースの中でふれていくが、性について感覚が一致することも重要なようだ。一年、二年とつきあいが続くうちに、刺激が薄れていくぶん、安心感やくつろぎ感は増す。愛情や関係性の確認のために、無理をする必要もなくなってくる。つまり、「安定」と「刺激」のバランスがとれるのだ。

私の不倫が十年続かなかったのは、彼を部屋に入れなかったこと、そして一緒に旅行をするという橋を、たまたま渡らなかったのも大きいとあらためて思う。しかし私は、すでにもっと大きな橋を、気づかぬうちに渡っていた。

彼は妻と恋人という、二人の女を使い分けている。家族や社会に対して秘密をもち、嘘《うそ》をつき続けている。恋人とのデートを楽しんだ一時間後に、何食わぬ顔をして「ただいま」と帰っていくのである

既婚男性と恋人関係になるとは、彼の嘘を認め、受け入れ、共犯者になるという橋を渡ることに他ならない。

その橋を、私はどう渡ったのだろうか。彼の第一印象は……と書き出してみたものの、特に強い印象は受けなかった。笑うたびに変な咳《せき》払いをするクセが気になったぐらいである。結婚願望は薄かったものの、慣れない東京での一人暮らしに疲れ、買い物依存症にもおちいっていた私は、恋人が欲しくてたまらなかった。

しかし既婚で子供がおり、年齢差もある彼は、対象外だった。親しくなったのは「たまたま」である。仕事上の必要で、複数の人数で顔を合わせる機会がたびたびあったのだが、他のメンバーは用事が終わればさっさと帰るか、終了後の食事につきあっても長居はしなかった。行きつけのバーがあり、ボトルをキープするような習慣を持っているのは彼と私だけだった。そのため、二人だけの二次会に行くのはごく自然の成り行きだった。

二人きりで、仕事とはまったく関係のない待ち合わせをしたのが、最初に渡った小さな橋だった。

それまでの私は、潔癖でまじめな性格から「不倫なんてとんでもない」と考えていた。既婚者との秘密の恋愛などという、後ろ暗くじめついた世界に、足を踏み入れる気はなかった。しかし恋愛の初期につきものの高揚感に身をゆだねてみると、じめじめした空気に、熱帯のフルーツのような甘美さを感じた。彼の妻の存在は気にならなくなっていった。咳払いのくせにも慣れた。

関係が安定すると、休日に会えない寂しさや、「これからどうなるのだろう」という不安が生まれ、自分が橋を渡ったという自覚など持つ余裕はなかった。彼が結婚しているという事実は、カップの中の紅茶に落とした角砂糖のように、だんだん崩れ、やがて見えなくなってしまったのだ。

しかし角砂糖は見えなくなっても、紅茶は確実に甘くなっている。橋を渡った女性たちは、簡単には戻ってくることができない。

シングル男性とのサンドイッチ

はじめから甘い紅茶を求める人もいる。「私には不倫のほうが都合がいい」と自認する女性たちだ。

一人の相手とではないが、十年以上にわたって不倫をくりかえし、不倫期間の合計が十年を超えるケースを紹介しよう。

山梨市内で保険会社に勤めている昭子《あきこ》さん（35）は、学生時代にはじめての不倫を経験した。アルバイト先で知り合った十歳上の男性と同じプロ野球チームが好きだったことがきっかけだ。

就職活動シーズンに入り「もしバレたらまずい」と思い、別れたが、その後も不倫を繰り返した。

シングル男性ともつきあってみるが、長くて半年で終わってしまう。不倫とそうでない恋愛をサンドイッチのように繰り返すうちに、不倫している期間が十年を超えた。

「楽なんですよ。とにかく楽。結婚してる人は、ホントに楽。一生つきあうわけじゃないし、いっときでしょう？　楽ですよ、やっぱり」

不倫の恋人とは一緒にグアム旅行をしたことがある。しかしシングル男性とは、そこまで深い関係にならないのだという。

「シングルはめんどうくさい。別れるのもつきあうのも。誕生日とかに、儀式みたいにプレゼント考えたり、そういうのもウザイ。さらっとつきあえない。結婚とかまで考えてつきあうのか、ヤルだけか、みたいな自分の気持ちを、決めなくちゃならない感じがする」

不倫のメリットを私に確実に伝えようと焦《あせ》っているらしく、彼女は舌足らずな表現を矢つぎ早にくり返した。

昭子さんは、すらりと背が高い。百六十八センチだという。いつも短めのタイトスカートをはいて、細くてかっこいい足を強調している。パーツの大きなよく目立つ顔だちで、周囲の評価は「すごい美人」と「そうでもないんじゃない？」にまっぷたつに分かれているという個性派だ。

「不倫は本当に楽」

昭子さんが何度も重ねたその言葉の意味に思い当たったのは、彼女が自分の父親について語ったときだ。

父は故郷の甲府市をはなれて都内の大学に進学した。卒業後、地元で優良と言われている住宅会社にUターン就職した。

「部長のまま定年退職しそうだから、エリートとかではまったくないです。普通の人。でも私、尊敬してます、父のこと」

身長百八十六センチと大柄で、整った顔立ち、派手なワイシャツを着こなすおしゃれな父が、小さなころから自慢だったという。加えて弁舌さわやか、人が集まればリーダーシップをとる。

昭子さんが小学五年のとき、父がＰＴＡ会長になった。式典の来賓席に、父が堂々とした姿を現すと、誇らしくてたまらなかったという。

会社の帰りに「はい、おみやげ」と、昭子さんの好きなアイドルの記事が載った雑誌を買ってきてくれたりする。よく気がつき、マメで、優しい。友だちからも「ああいうお父さんでいいなあ」と、よくうらやましがられたそうだ。

これで話が終わりなら、ややファザコンとはいえ、理想的な家庭に育ったように聞こえるかもしれない。

しかし、昭子さんの父親は、妻に対してつねに高圧的で、見下したような言動を取り続けてきた。

「バッカだなあ。だからお前はダメなんだ。少しは賢くなってくれよな」

「お前はもういい、あっちに行ってろ。用があれば呼ぶから」

二〇〇四年のDV防止法の改正により、「配偶者からの暴力」の定義は拡大され、精神的な暴力もふくまれるようになった。DVの被害者がおちいりがちなパターンどおり、母は自尊心を失い、夫の顔色をおどおどとうかがいながら暮らしてきたようだ。

私が違和感をおぼえたのは、昭子さんが完璧《かんぺき》に父の側に立ち、母を否定することだ。

「母は見栄《みえ》っぱり、何も考えていない、思慮が浅い。父は母に手を焼いてきた。旅行の持ち物リストを作って渡しても、忘れるの。父が『あれほど言ったのに、なぜできない』と叱《しか》っても、黙ってるだけ。変に強情なんですよ。素直にあやまればいいのにね。私もイライラさせられています」

彼女の卒業した大学は父と同じ、中の下のクラスの私立である。そこに進学すると決まったとき、父は喜んだが、第一志望も次にも落ちてひっかかったすべり止めだったので、母は落胆した。

「ひどいでしょ。ふつう娘がお父さんと同じ大学に入ったら、喜ぶものじゃないですか」

彼女の身長は父親ゆずりだ。母は百五十五センチだという。

「兄はかわいそうに、母の血筋みたい。百六十ちょっとしかないチビなの。父の服、いいのがいっぱいあるけど、着られないいんですよね」

嘲笑《ちょうしょう》するように言う昭子さんは、家庭内の「敗者」である母を見下すことで、「勝者」の父と自分を同一視しようとしている。

しかし彼は、彼女のかけがえのない母親を、手ひどく扱っている男でもある。昭子さんがことさらに「父を尊敬している」と口にするのは、彼が母の敵であるという葛《かっ》藤《とう》を、自らの中で封印するためだと深読みできなくもない。

ドライで単純なようで、一枚めくれば、複雑なものを抱えている昭子さんが、シングル男性との将来を見すえた永続的な関係をおそれるのは、そのフタを開けるのを避けたいからではないだろうか。

両親との関係は「いちおう良好」というが、同居しているはずの兄は、家にほとんどいないという。ドライブのついでに車の中で仮眠をとり、そのまま出勤することも多いそうだ。

彼女が「不倫は楽」と考える理由は、まだ他にもあった。

「エッチするとき、衿野さんはどんなポジションとります？」

いきなり言われて驚いたが、彼女は真剣な表情だ。

「マグロもどうかと思うし、あまりにも経験豊富と思われるのもどうか。ほどほどって、むずかしくないですか？　今日はこの人とエッチすることになるかも、なんて思って出かけるときって、下着に迷いませんか？　黒のガーターベルトとかつけていったら、エッチだけが目的の男の人は喜ぶけれど、結婚とか考えている相手だったら、引かれちゃいますよね」

彼女の言うポジションとは、相手の男性に対して、どんな自分を見せるかという意味だった。

「いろいろ考えちゃうと、本気になれなくなっちゃう。どう反応しておこうかな、なんて考えていたりする。不倫は楽ですよ。迷わなくていいんですもん」

今の昭子さんは恋人がいないが、パーティで「いいな」と思う人と出会い、もうじき二人で食事に行く予定だという。

「指輪してなかったけれど、結婚してるってことを、さりげなく、さらっと伝えてきた。こっちのことを根掘り葉掘り聞いたりしない。やっぱり楽ですよぉ。結婚してるんだ、ああよかったとかって、正直、思っちゃった」

オヤジ感覚の女

半導体メーカーの営業課長補佐をつとめる美雪《みゆき》さん（41）は、アメリカのビジネススクールに会社の費用で半年間留学した経験がある。

英語はもちろん得意で、海外出張も気軽にこなす。官僚、ファイナンシャルプランナー、不動産関係などキャリア系女性の友人がたくさんいる。

都内の出身で、父は高校教師、母は公務員。すでに結婚した妹が一人。二十八歳で一人暮らしをはじめ、現在の住まいのマンションは、女性に人気の高い目黒区内にある。友人たちのアドバイスを得て株で利益をあげ、購入した２ＬＤＫだ。

そんな彼女の不倫相手は、五歳ほど年上の職場の元上司である。はじめは「尊敬する上司」だったが、会社帰りに食事をしたりするうちに、「好き」という感情が芽生えた。

つきあうようになったのは、彼が大阪支社に異動してからだ。月に四～五回は東京の本社に顔を出すので、月に二回ほどのデートを重ねている。

その前にも、彼女は二人の相手と不倫した経験がある。

「結婚したいのに、つい不倫になってしまうんです」

明るく笑う彼女は、正統派美人ではないが、知的な表情、きちんと流行を追ったメークと服、フィットネスクラブできたえた身体《からだ》つきをしている。ぱっと見て「きれいだし、きれいをキープする努力をしているんだろうなあ」という印象を受ける。

彼女の相手が元上司だというのは、本人の口からではなく、共通の知人からの情報である。彼女は口が堅く、相手の素性を話そうとはしなかった。話していいことと、いけないことをきちんと区別しているようだ。

「結婚したいですよ。いい人がいたら、すぐにでも。不倫なんて、すぐやめます」

しかし同世代のシングル男性には、この外見で、この地位、このライフスタイルの女性は、荷が重いのではないか。

サプリメント代に月三万円をかけ、ブランド物のビジネスバッグには、分厚いシステム手帳と日経新聞、原書のミステリ小説が入っている。

同期の男性社員が、家族の生活費や子供の学費にまわすお金を、彼女は自分に投資できるのだ。

「年齢的につりあう男性とデートすることも、たまにはありますよ。でも迷うんですよ。収入はたいてい私のほうが多いので、女性だからおごってもらっていいんだとは割り切れない。でも、ワリカンは味気ない。私がおごるとしたら、それは相手のプライドが傷ついちゃう。相手に奥さんがいると、関係がはっきりしますよね。やはり向こうは引け目があるということで。こちらも気が楽なんです」

本人も自覚していて、笑いをまじえて明るく話す。同世代の男性とのつりあわなさを、どこかで「成功のあかし」と感じているようだ。

もう一つ、彼女を同世代から遠ざけているのは「オヤジ感覚」ではないかと私は思った。

彼女に連れていってもらった、行きつけだというバーは、恵比寿《えびす》の駅からやや離れたところにある、おしゃれな店だった。スコッチのボトルがズラリと並び、バーテンダーは若くて顔立ちの整った男性ばかりだ。スタンディングのコーナーでは、近くの高層ビルに勤めるらしい、外国人をまじえたグループが談笑している。

しかし彼女がバーテンダーとかわす会話はオヤジくさい。彼のつまらないギャグに、彼女もだじゃれで応《こた》えるのだ。帰りぎわ、私が財布を出しかけたら美雪さんはこう言って制した。

「ここは私の縄張りですから」

不倫の恋人と、どんなデートをしているのか聞いてみた。

「食事して、バーに行って、ですね。二人でいるところを見られても、まあ問題はないかなという間柄なので、人目はそれほど気にしません。ただ、会話を聞かれないようには気をつけます。といっても、お互いの仕事の話なんぞをしてるんですが」

美雪さんは本当に楽しそうに語る。出産を考えたらギリギリの年齢だし、さまざまな葛藤があるはずなのに。このカラッと乾いた空気は、どこから来るのだろうか？

「私が聞き役になることが多いです。ちょっと事情があって、先方の会社をよく知っているものですから、とても興味深いんです。男性はこういう発想をするんだなと、参考になります。意外な情報も入りますし。うふふ、色気がないデートですね」

美雪さんの彼への想《おも》いには、「尊敬」がベースにある。

妻に話せば、バカにされるか、無視されるかするであろう愚痴や、上司や同僚には言えない自慢話を、うれしそうに聞いてくれる美雪さんは、恋人にとって、よき理解者だ。

経済的に自立しており、将来も安定しているから、彼女の身の振り方を心配する必要もない。仕事と友だちに恵まれ、イキイキとしていて明るい。男性にとって、理想の不倫相手と言える。

美雪さんは会話の途中で、セックスについてこう語った。

「はじめのうちは、確認みたいに、ちゃん、ちゃんと毎回あったんですが。会社の話をずうっとしていて、それからおもむろに、『さあ、では』というのも何だし……。

だんだん、盆暮れのごあいさつみたいになってしまいました。そういう場を設定するのがめんどうなせいもあります」

彼が東京出張で宿泊するときは、会社が契約しているビジネスホテルを使う。シングルルームだし、他の誰かとかちあう可能性もある。東京出張が日帰りになることも増えた。

「私、自分の部屋というのはすごく抵抗があるんです。そういうことには使いたくない」

たとえば、彼が東京出張からさらに札幌に飛ぶとき、指定のビジネスホテルではなく、羽田空港の近くに泊まることがある。そんなときに同行するか、彼が美雪さんの部屋に行きたいと強く主張したときに応じる。

それが年に二度ほどという状態が続き、ここ三年以上はセックスレスの状態にあるという。彼は、美雪さんに心の充足を求めているのだろう。

「今の彼は、私のほうが癒《いや》していると思いますよ。私に癒された彼と過ごすことで、私も癒されているといったらいいかな。自分の弱いところは見せないようにしています。しょせんは不倫ですから、全部をさらけだしても、支えてもらうことはできません。だから結婚したいんです」

なぜ結婚かとたずねると、勢いよく即答した。

「癒されたいから！」

冷静に自己分析する彼女は、自分の弱さを自覚し、自分がその弱さを男性にさらけだせないタイプであることも自覚している。しかし弱い自分をつきはなしたりはせず、受容している。自己過信もない。

自らの心のありようを客観視し、共存しようとするいさぎよさが、美雪さんをカラッとさせているのかもしれない。

つらいことや、湿ったものを吹き飛ばしたり、忘れたりするタイプではないが、箱に密封してしまっておくことができる人だ。結婚の機会がなくとも、自分なりに納得のいく人生を送っていくのではないだろうか。

セミプロ不倫

大手不動産会社勤務や派遣社員を経て、現在は都内の宝石店で販売員をしている涼子さん(45)は、この十数年の間に、五人の男性と不倫した。一人の相手とは長くても三年だが、合計すれば十年をこえる。

私が彼女に興味を持ったのは、涼子さんが恋人たちからお金をもらっているからである。

今まで紹介してきたケースでは、仕事上で便宜をはかってもらったり、食事代や旅行費用を出してもらったりはしても、「お手当て」的なお金はもらっていない。

お金をもらうのは、古い言葉を使えば「おめかけさん」、職業的な愛人というイメージがある。お金のやりとりは、不倫をくるんでいる「恋愛」というオブラートを引き剝《は》がすことになる。それにふつうの男性の財力では、それを十年続けるのはむずかしいだろう。

お金の介在する不倫とは、どんなものなのか。

涼子さんは都内にマンションを三軒所有しており、文京区にあるその一つに自分が住んでいる。あとの二軒からは、合計して月に約二十万の家賃収入があるそうだ。株も時価にすると一千万円分ほど持っており、よりよい投資先をさがしているところだという。

こうした収入や資産が、涼子さんにとっては誇りであるらしい。ベンチャー、キャピタルゲインなどのマネー用語を嬉々《きき》として口にする彼女は、こう考えているようだ。

「結婚も出産もしていないけれど、私はこれだけのものを持っているんだから、負け組じゃない。不倫ばかりとはいえ、楽しくおいしい思いをしてきた私は勝ち組だ」

もっとも資産のすべてを男性から得たわけではなく、両親からの援助も大きい。

「父は北陸で株式会社を経営しています」

よく聞くと、住居と工場と店舗が一体化している漬物屋さんを、会社組織にしたというのが真相だ。バブル期には業務用の漬物を手がけ、工場を新設するなど順調に伸びた。

涼子さんには兄と姉がいる。二人はまだ「漬物屋」だったころに子ども時代を送っており、しっかり者タイプに育った。

父が「株式会社の社長」に上昇していくのと同時に育った涼子さんは、家庭内で「わがままでおねだり上手のかわいい末っ子」というポジションにある。三十歳まで仕送りをもらっていたというから驚く。

深窓の社長令嬢とはいかないが、不自由のない暮らしである。実家を離れて都内の女子大に進学し、都内で就職した。

現在の彼女はきつい感じのする美人だ。くっきりと濃いアイラインのおかげで目が釣りあがって見え、権高《けんだか》なイメージを与える。アートメークらしい眉《まゆ》が、あまりにも左右対称にきちっと描かれているのも不自然だ。

二十代の涼子さんが、もっとナチュラルなメークで、余裕のあるほほえみを浮かべていたとしたら、かなり魅力的だったにちがいない。

不倫のきっかけは、二十七歳で婚約者と別れたことだ。

当時の彼女は上司の紹介で知り合った、七つ年上の大手商社マンと恋をした。お互いの両親にも紹介しあい、結婚は秒読みかと思われた。が、式の日取りを決めたいなどと、具体的な話をすると「ちょっと待って」とあいまいに逃げる。

不審に思った涼子さんの父親は、私立探偵を使って調べた。すると彼には、合鍵《あいかぎ》を渡してある女性が別にいることがわかった。彼が出勤したあと、マンションのベランダで洗濯物を干している女性の写真がその証拠だった。

当時、父親の会社は勢いがあったから、彼は涼子さんに乗り換えるつもりだったらしい。

「すぐに別れるから」

そう言ってあやまったが、涼子さんの父は認めなかった。涼子さんと絶交させただけではなく、彼にわび状を書かせ、さらには「誠意を形で示せ」と、お金を請求した。金額は「母とのヨーロッパ旅行代にしておしまい」とかで、百万ほどだったらしい。

涼子さんの金銭感覚には、父親の影響が強いことを感じる。

また、失恋の痛手を「母との旅行」で癒すという発想にも、親子ベッタリ状態が象徴されているようだ。

涼子さんは、これまでの不倫の相手から「お手当て」的なお金を進んで受け取っているし、別れるときには、数十万から数百万のお金をもらっている。セミプロではないかと私は思うが、本人は「恋愛ですよ。好きな人としかつきあっていません」と言い切る。

「昔から年上の男性が好き。婚約した相手も七つ上だった。どっしりしていて、力があって、女性のめんどうぐらい余裕で見られる大人の男性にひかれるんです。お金や力がある人は、自分に自信をもち、堂々としています。ない人は卑屈でダメ。私は見た目や若さより、余裕に男性の魅力を感じます。愛人じゃない証拠に、二股《ふたまた》かけるとか、そういうことはないです」

では、なぜお金を受け取るのか。

「無理にもらうんじゃないですよー。彼の十万と私の十万は重さがちがうんです。私が一日立ちっぱなしで接客しても、収入はたかが知れてる。彼は座ったままでも、お金が入ってくるシステムを持っているんですから」

現在の恋人は、貸しビルをいくつも所有する五十代の男性だという。いったい、どこで知り合うのだろう?

「異業種交流会が多いですね。ロータリークラブの会員がメンバーになっているような、プチセレブ系の。私は父がロータリーの役員をしていた時期もあるし、そういう雰囲気が好きなんです。恋人がいなくて寂しいと、そういうところに出かけて時間をつぶすんですよ」

シングル男性とはつきあわないのか？

「既婚男性って、やっぱり落ち着いてますよね。シングルはどこか余裕がない。だから既婚の人にひかれちゃう。年齢的にも、もうシングルは無理でしょう」

お金が欲しいということを、恋人にどうやって切り出すのか。

「いろいろですよ。今の彼には、家賃が高くて大変だと愚痴をこぼしました。いつまでも親に頼れないから、自分で出しているが、かなり負担だと。あっ、マンションのオーナーというのは内緒で、賃貸だと言ってあるんです」

そうしてベースを作っておいて、あとはかわいく「おねだり」するらしい。

「友だちと旅行するけどおこづかいが足りないとか、コートが欲しいとか、ノルマに届かないので、ダイヤの指輪を買わなくちゃならないとか……」

月にいくらというとりきめはないが、つきあって一年半になる彼は、涼子さんが「あのね」と言い出すと、すぐに「はいはい、次は何？」と、財布を取り出してくれるそうだ。

「たくさんじゃないですよ。月に五万とか、十万とか……、誕生日にはバッグ代で六十万もらったけど」

彼とは月に二回ほど会うという。外で食事をして、涼子さんの部屋でひとときを過ごすのがパターンだ。

「はじめはホテルに行ってたけれど、もったいないでしょう? うちは3LDKでわりと広いし、きれいにしてるから居心地いいんです。ワインだって、ホテルの味気ないグラスじゃなくて、自分ので飲みたいんです」

生活感を出さない工夫もしているという。洗面所やお風呂場《ふろば》は、洗剤や買い置きのシャンプーが目にふれないようしまいこみ、花や香水びんをさりげなく飾っておく。ベッドカバーやシーツをショッキングピンクで統一する。

「ルームサービスでシャンパンとったら何万ですが、お店なら一万前後で買えますしね」

ぜいたくなようで、細かいところもある。蓄財の才能もあるのだろう。

「セックスには手間をかけるほうかもしれません。相手に満足してもらいたいし、自分も満足したいです。愛情確認は大事だと思っています」

しかしこうした蜜月《みつげつ》は、最長で三年二ヶ月しか続いたことがない。

「別れはいつも私から言い出してます。あ、潮時かなと思ってしまう瞬間があるんです。それが来ちゃうと、もうダメですね」

たとえば、彼の来訪にそなえて部屋をかたづけ、花を飾る。

愛情がある間は「楽しいな」とワクワクしているが、ある日「めんどうだな」とふと思う。それが「潮時」のサインだという。恋のときめきがなくなったらおしまい、そういう意味なのだ。

別れの理由は「潮時」とロマンチックだが、その処理はシビアだ。

「一人になるのは不安だし、寂しさを埋めるのに、やっぱり旅行や買い物か何かしたいでしょう」

具体的にはどんな言い方をするのだろうか。前の彼とのときは、こう告げたそうだ。

「お世話になったことを感謝してます。好きだけど、いつまでも続けてはいけないと思うんです。ゆっくり考えたいから、ハワイあたりに一人旅させてもらえると嬉《うれ》しい」

さらに、こう付け加えたという。

「年長の女性に相談に乗ってもらえたらと思うけど、あなたの奥様に相談するわけにはいかないし……」

さりげないおどしまでして、お金をもらっているのだ。結婚もせず、不倫をくりかえしている日々を、親にはどう説明しているのか。

「つらい恋をしてるとだけ言ってます。腫《は》れ物扱いされてますね」

家庭でつちかわれた「おねだり体質」と、父親から継承した「誠意をお金で示す」という感覚、そして将来への安心を得たい気持ちが、彼女をそうさせているのだろう。

ここまで徹底したら「お見事」というほかはない。お金と力のある男性に守られていたいという願望と、お金への執着が満たされている日々は、彼女なりに幸せなのかもしれない。

将来について聞いてみたら、確信に満ちた口調でこう切り返された。

「衿野さんだって、人のこと言えないでしょ。私はそれなりに準備はしてますから。ま、お互いにがんばりましょうねぇ」

涼子さんに話を聞いてずいぶんたってから、叶《かのう》姉妹として知られる女性の「姉」が、恋愛観、金銭観、セックス観をストレートに語っている『トリオリズム　3P』という本を読んだ。恋人たちから多額の現金や土地などの財産をもらうと、彼の深い愛情を感じ、幸福な気分になるというくだりで、私は涼子さんを思い浮かべた。

私は、相手の男性が私に向ける感情を、彼から送られてくるメールの回数や長さではかってしまうことがある。物差しがメールか金銭かというだけで、愛情の量を確認していたいという思いは共通するのかもしれない。

涼子さんは、私が『3P』についてある週刊誌でコメントした記事を読んだという。本の中で、筆者が自分の性器のすぐれた性能を語っている部分にふれて、バカにしたように笑った。

「あんなことは私もできますよ。わざわざ自慢しなくてもいいのにね」

その後、涼子さんは彼と別れたらしい。しかしお金があり、彼女からすれば条件のよい恋人を失ったのを認めるのは、「負け組」への転落だと感じられるようだ。あいまいな言葉ではぐらかされてしまった。

危機管理の甘い男女

ここまで紹介してきたのは、三十代以上の女性たちだ。その次の「第四世代」である現在の二十代は、どんな不倫をしているのだろうか?

その若さで十年に達しているケースは見つからなかったが、私が「彼女は十年不倫の候補者だ!」と感じた二人を紹介しよう。

愛知県内の鉄鋼メーカーに勤務する千鶴《ちづる》さん（26）は、花柄のひらひらしたスカートがよく似合う、女っぽい雰囲気だ。

ピアスを三つつけているが、うち二つは、同じ形で色ちがいと手が込んでいる。肩《けん》甲骨《こうこつ》をこえる長さのロングヘアは、手入れの行き届いた、つややかなストレート。外見にこだわり、細部まで入念に手間をかけて〝女らしく〟しているという感じがする。

話をした印象も女っぽい。世間話のつもりで、今の会社に就職した理由をたずねたら「それはちょっと、いろいろありまして」と、どうでもいいようなことを秘密めかしてほほえんだ。

彼女と会ったのは、名古屋市内の居酒屋だった。

「居酒屋メニューが好きなんです。彼は車だし、私もあんまり飲めないから、なかなか居酒屋には来られない」

おでん、焼き鳥、アンキモをたのんだ彼女は、突き出しのシラタキ明太子《めんたいこ》あえをおいしそうに食べている。外見とはちがい、素直でさばけた面もありそうだ。

不倫相手には社内の男性や、社外のサークルで出会った人もいる。短大を卒業して入社以来、四人とつきあっている。年齢のわりに人数が多いのは、そのうち二人とは半年以内に終わったからだ。

もう一人とは一年半続き、現在の相手（34）とは四ヶ月がすぎたところだという。

「軽く食事して、そのあとお茶したりとか。ドライブが多いですね」

千鶴さんは今も両親、一つ上の兄と四人で暮らしている。四つ上の姉は結婚して家を出ている。

「エッチはいつもじゃないです。月に二回ぐらい、かな。場所？　それはやっぱり、ホテルですけど。泊まりじゃなくて休憩です。それは仕方がないですよ。一回だけ、ゴルフの前泊のときに、一緒に泊まっちゃいました。朝七時にチェックアウトでつらかった！」

結婚願望は「すごく強いです」という。

「私は仕事向きではないので、結婚したほうがいいと思ってます。姉は専業主婦ですが、けっこう楽しそうですよ。私、子どもも好きです。玉の輿《こし》とかでなくていいので、普通の主婦になって、普通の家庭が作りたいですね」

なのに、なぜ不倫するのだろうか。

「不倫したいわけじゃないんです。たまたま、なんです。いつもやめよう、やめようと思ってますよ。奥さんにも申し訳なかったりするし。ホント、申し訳ないと思ってるんですよ。そろそろ帰りましょうって、私のほうから言うぐらい。土日にはメールしないようにしてるし」

いったん言葉を切って、早口でこう付け加えた。

「ホントはね、不倫と呼ばれたくないんです。不倫かもしれないけど、恋愛だから。好きな人に奥さんがいただけなんです、私には。今はこうだけど、チャンスがあれば結婚しますよ。彼とは無理かもしれないけれど。彼は、彼なりに家庭を大事にしてます。私の夫になる人も、うまーくだましてくれるなら、それでいいです」

思考のスピードに表現が追いつかない様子で、饒舌《じょうぜつ》に語るが、ときどき意味ありげな、秘密めかした言い方をする。

「いいことだとは思いませんよ。秘密を持つって重いじゃないですか。だって……私の一言で、相手が破滅するかもしれないんですから」

その真意はこうだ。相手の男性が、彼女との飲食代を、必要経費として会社に請求している。それが「重たい秘密」なのだという。

いったいどんな男性なんだろう？

「とても不倫しそうにない堅物で、不倫は私が初めて。奥さんとはセックスレスだって」

彼がどんな人なのか、実物を見たくなってきた。切り出してみると、彼女はケータイを取り出した。

「今日はまだ残業してるはずですよ。メールしてみましょうか」

数分後、彼からのレスメールをチェックした彼女の顔が、パッと輝いた。

「これから来てくれるそうです」

「そうやって急に呼び出すことは、よくあるんですか」

「たまに、ですけどね」

前につきあっていた社内の男性は、夜中に電話して「どうしても会いたいから、今から来て」というと、本当に会いに来てくれたそうだ。男性のほうも、初めての不倫に強い刺激を感じ、彼女にまきこまれていったのだろうか。

私は依存症の取材で、孤独に耐えられず、自分を抑えられない衝動性を持ち、不安から相手をためさずにはいられない、恋愛依存症体質の女性が、不倫相手に「今から会いたい！」と強要したというケースに、何度かぶつかった。

しかし千鶴さんからは、そうしたせっぱつまったものを感じない。ドラマチックな秘密の恋に、ウキウキしているようだ。だからこそ「あやうい」という気もする。

彼を待つ間の雑談で、こんな話が出た。

「同じ会社の友だち三人にいろいろ話して、相談に乗ってもらってます」

「こないだ有給休暇をとって、彼の東京出張についていったんです。ミーティングが長引いて、遅くまで待たされちゃった。ツインとるわけにいかないし、ダブルの部屋だったんですよ。すごくせまいんだー。六本木ヒルズに行けてよかったけど」

「彼のおうちね、五月になってもコタツが出てた。そんなんでゴロゴロするからデブるんですよね」

ゴルフの帰り道、彼の妻子が留守だったので、家に行ったことがあるのだという。

危機管理の甘さが気になり、私は不倫相手の妻に慰謝料請求された女性の話をしてみた。

「ああ、そういうこともあるらしいですね」

千鶴さんは他人事《ひとごと》のように答える。そして今、同じように危機管理できていない彼は、私に顔を知られるというリスクをものともせず、ここに向かっているのだ。

やがて現れた彼は、なるほど、不倫などとは無縁に見える、まじめそうな人だった。濃いグレーのスーツはあまり上等ではなさそうだ。メタルフレームの眼鏡も野暮ったい。私のグラスのビールを気遣ってくれるが、こうした場に慣れた様子ではない。

しかし顔立ちは整っていて清潔感があり、素朴な好青年がそのまま年をとったような感じだ。この顔で、千鶴さんに「妻とはセックスレスなんだ」とささやき、出金伝票に適当な取引先の名前を書き込んでいるかと思うと、なんだかおかしい。

千鶴さんがトイレに立った隙《すき》に、彼女のどこが好きなのか聞いてみると、「かわいいですよ、彼女は」。一言で答えて、うれしそうにニマッと笑った。彼も不倫にワクワクしているのが感じられる。

千鶴さんはこの先、出会いさえあれば、すぐに不倫をやめて結婚するつもりでいる。しかし本人も気付かないところで「結婚に向かない女」に変貌《へんぼう》しつつあるのではないか。

千鶴さんと私、そして彼が飲食した費用の約八千円は、彼が払ってくれた。会社あての領収書をもらっている。私も経費でおごってもらってしまったのだ。

が、二人がテーブルの下で手をにぎりあっているのに気づいていた私は「まあいいか」と思うことにした。

結婚がこわいから

二十四歳にして、すでに二人の男性との不倫を経験している昌子《まさこ》さんは、長野県の出身だ。都内のやや有名な私立大学を卒業した。在学中は両親に一人暮らしを許してもらえず、門限があり、男子禁制の女子寮で四年間を過ごしたという。

就職先が見つからなかったため、今は都内の社会保険労務士事務所で事務のアルバイトをしながら専門学校に通って、資格の取得をめざしている。

「結婚後も仕事を続けたい。家事と仕事の両立は大変だと思うけれど、仕事もしたいし、子どももちゃんと育てたい。望みが高いぶん、がんばるしかないと思ってます」

生活費や学費は、ほとんどを親の仕送りに頼っている。父は中ぐらいの会社を経営し、母は専業主婦だという。そこそこに豊かな家庭らしい。弟がおり、地元の大学に進んでいる。

「親は、私がいずれは帰ってくると思っている。地元ならば、コネで就職もできますし。でも、私としては、手に職をつけて自立したいんです」

まだまだ人生の準備段階なのに「二十代なかばのうちに子どもを生みたいので」、早く結婚したいと焦《あせ》っている。

なのに、なぜ、不倫をするのか。

「自分でもわからないんですけど、タイミングで、そうなってしまって」

昌子さんは、正統派美人ではないものの、笑顔がかわいらしい。が、メークや服装は、正直いって「損をしている」と私は思う。眉《まゆ》をいちおう描いてはいるが、ボサボサのまま手入れしていないから、あかぬけないように見えてしまう。

あっさりした切れ長の一重まぶたも、マスカラとアイラインでアクセントをつけたら、神秘的になり、強い印象を与えるだろう。よく見れば、細くて胸は豊かなのに、だぶだぶのグレーのスーツが、せっかくの体型を隠している。

まじめそうで、お堅い雰囲気だが、彼女がつきあう男性の趣味は独特だ。

彼女を紹介してくれたのは私の知人の男性で、実は彼こそが、昌子さんの現在の恋人だ。かつて昌子さんがアルバイトしていた、ゴルフ練習場の受付で知り合ったという。

四十七歳の彼は、背が高く小太りで、鼻の下のひげがよく似合う、濃いめの顔立ちだ。精力的で、見るからに「不倫が好きそうな、脂《あぶら》ぎったオヤジ」である。

見かけどおり、何度も不倫経験がある。楽しいこと、気持ちよいことが大好きな、確信犯の常習犯である。誰が見ても、「なんであんな男と?」と思うのではないか。

前の不倫相手も、似たようなタイプだという。

「ぱりっとした白いワイシャツの、さわやかで、仕事のできそうな男性が好みなんですけどね」

いずれも、相手の男性からの猛烈なアタックに屈したそうだ。しかも彼女は、不倫の常習犯である男性と真剣に恋をする。以前の彼とは、ズブズブの泥沼にはまったという。

「私が別れる決意をすると、彼がどうしても別れないという。彼が私と距離を置こうとすると、私が追いかけてしまう。結局は、会わずにいられなくて、よりが戻る。今の彼とも、そんな感じがありますね。うちに来ても、何もしないで、何時間も話しあってたり……」

デートはもっぱら彼女の部屋だ。外食はほとんどせず、手料理をふるまっているという。

「外食は人目が気になるし、お金もかかるでしょう。料理や片付けは苦にならないんです」

「結婚したら、家事は完璧《かんぺき》にやるつもりなんですか？」

「ええ。だから私は欲張りなんです。仕事もしたいし、納得のいく家庭も作りたい」

結婚願望が強く「家事と仕事の両立」という言葉をくりかえす保守性と、どう見てもつりあわない相手との泥沼不倫。そのアンバランスの理由が少しずつ見えてきた気がする。彼女は親に反発しつつ、その価値観を継承しているのだ。

両親の仲はよくないという。父親は浮気をくりかえしており、母は、そのたびに実家に数日間帰ってしまう。高校生だった昌子さんと弟が夕食の支度をしたり、家政婦さんをたのんだりしてしのいだそうだ。

両親の不仲は、昌子さんは「今も心の傷です」という。

「父が愛人のところに行こうとして、車を出して、母がそれをはだしで追いかけて、わめいて、みたいなことが何度もあって……。近所の人はみんな知ってました。学校でも知られてた。すごく、つらかったです」

結婚を焦ってはいるものの「無理かもしれない」とも思うそうだ。

「普通の家庭で、普通に育ちたかったですね。母親が、オンナをむきだしにするところを見せられるの、ホントいやでした。父も憎かった。でも母も口うるさかったりするし、仕方ないかなと思ったり」

結婚への焦りは、親との葛藤《かっとう》から逃れたい思いや、「自分はああはならない」という決意の表れかもしれない。

そして、結婚が持つ意味の重さを知り尽くしているだけに、まっすぐに進むのがこわくて、ついわき道にそれるのではないか。

さて、彼女のお相手の男性に話を聞いてみよう。

古くからの知り合いであり、恋愛関係に進む可能性は皆無である私と会うのにも、彼はジャズと焼酎《しょうちゅう》が売り物の、青山にあるおしゃれな焼き鳥屋さんを予約してくれた。

「不倫をOKする子は、どこかスキがあるからすぐわかる。彼女もそうだけど、よく見るとかわいいんだけど、自分の魅力を演出できず、もてないタイプだな。三粒で千円のチョコレートなど、受け取りやすいプレゼントをしたり、どこか旅行すると聞けば、そこのガイドブックをあげたりして口説く。見え見えなのに、優しくされた経験がないから喜んじゃうんだよね。ホテルも『えー』とか言いながら、結局はついてくる。男に尽くしてるようで、実は男にたよっている。複雑だから、ぼくみたいなオジサンがちょうどいいんだよ」

妻を裏切っている彼を尊敬はできないが、さすがによく見ているものだと感心してしまった。

「ただ、ずっとこのままは無理だから。資格は絶対にとれよと、いつも言い聞かせている。友だちの税理士や社労士に引き合わせたこともある。ストレス発散になるし、自分のためだからと、料理教室と茶道の稽古代《けいこだい》を出してあげている。人生を変えちゃうとかわいそうだもの、長くはつきあわないよ」

彼は自営業で、家族にナイショのお金と時間のやりくりはつきやすい。たくましく、生活力のある不倫相手に、昌子さんは、癒《いや》されているのかもしれない。

ただ、この「癒し」には小さなトゲが生えている。恋愛観や結婚観の修正をするどころか「やはり夫は妻を裏切るもの」という実感を補強してしまうのだ。

昌子さんだけでなく、危機管理の甘い千鶴さんも、不倫と恋愛を混同せず、「おいしい思いができるんなら、不倫でもOK」と、不倫のメリットを、ストレートに肯定している。不倫の第四世代は《そういえば、コレって不倫なのよね》の世代である。だからこそ「私は不倫にのめりこんだりしないから大丈夫。おいしいところをいただくだけなの」という自己過信がありはしないか。

不倫する自分への葛藤がないから、すいすいと月日がたち、ふと気づけば十年がたっている。不倫の第四世代は、そんな十年不倫カップルを多く生み出すかもしれない。

ここまで紹介してきたケースをふまえ、あらためて「なぜ十年も続いたのか」と「なぜ不倫なのか」を検証してみたい。

三十代、四十代、五十代のちがいを浮き彫りにしてくれた春奈さん、美香さん、珠子さんの十年をふりかえると、「不倫だったからこそ続いた」とも言える。

気になる相手が既婚だとホッとするという昭子さん、デキすぎる美雪さん、セミプロ的な涼子さんは、シングル男性と交際→結婚というコースにためらいをおぼえるという、不倫を選択した理由が存在する。

世代もタイプもバラバラながら、彼女たちの言動には「ひとひねりしたような」という形容詞がよく似合うことが共通する。春奈さんは保守的な服装を無難に着こなすタイプで、「魔性の女」や「小悪魔」などの言葉はまったく似合わない。だからこそ「彼はEDだった」という言葉や、二人で入浴剤の香りを確かめる話を聞くと、生々しく感じられた。饒舌な美香さんが答えをはぐらかすときの含み笑いや、性行為にどう反応すべきかとたずねた昭子さんの真剣な表情にも、独特の雰囲気があった。

ひとひねりしたような、というのは私自身の実感でもある。職場の雑談で「ゆうべの晩ごはんは何だったか」を聞かれて即答できない。新しいレストランが話題になると「そこなら行ったことが……」と言いかけて、口ごもる。誰かに「デートの相手もいないのか」とからかわれ、反論したくてたまらないが、するわけにはいかず、あいまいな表情を浮かべてだまる。不倫相手の話題が出れば、緊張すると同時に「みんなは彼の本当の姿を知らないんだ」と優越感にひたりつつ、感情の動きを表に出さないよう細心の注意を払う。親しい女友だちとの恋愛話も楽しめない。

秘密を共有するという、ある意味では強い絆《きずな》で結ばれた人間関係を維持しながら、「恋人はいない」ふりを続けるというダブル・スタンダードに生きる女性は、よく言えば「ミステリアスな魅力がある」だが、「どこかワケありに見える」でもある。こうした「ひとひねり」や「ワケあり」は、人生のパートナーを見つけようとしているシングル男性を遠ざけることにもつながる。

いくつもの橋を渡るうちに、「不倫が似合う女」に変わっていく。それは各個人だけの責任だろうか。結婚願望が強いにもかかわらず、シングルを続けている〝結婚難民〟が出現した背景には、派遣や契約など不安定な雇用関係や、ワーキング・プアの存在、結婚観の変化がある。個人の努力や裁量の及ばないところで、この社会が「不倫しかできない女」を生み出しているのだ。年収は二百五十万前後だという二十六歳の派遣社員は言う。

「十年不倫の経験はありませんが、ここ三年ほどは不倫ばかりです。同世代の男性は、デートでもワリカンです。男性とちがって、女性は服やメーク用品にもお金がかかるのに。彼氏ができると、イクスピアリだ、パレットタウンだと遠出することが増えるのも痛い。結婚したいけれど、結婚に進むことができるような、まともな恋愛はできないんです」

私がシングルに戻り、五年ぶりの一人暮らしを始めたときの実感は「なんて暮らしやすいんだろう！」だった。住まいを探せば、単身女性をターゲットにしているとしか思えない物件がいくらでも出てくる。女友だちと愚痴をこぼしあうために居酒屋へ行くと、女性グループ限定のサービスがある。スーパーでは食品の少量パックや、「ヘルシー」をうたい文句にしたしゃれたお惣菜《そうざい》が売られている。離婚歴や四十代でシングルであることに引け目を感じさせられたり、見下されたりすることもない。三十代、四十代、五十代のシングル仲間もたくさん見つかった。

人生のパートナーが隣にいる状態にふたたび戻りたいとは思っている。しかし一方、快適な一人暮らしは、結婚したいというモチベーションを下げる。そしてまた、バツイチ・シングルの私が、けっこう楽しそうに暮らしている姿は、二十代、三十代の未婚女性から「何がなんでも結婚しよう!」というモチベーションを奪っているのではないだろうか。

不倫関係を十年以上も維持するために、やむなく獲得してきた〝副産物〟をふりかえってみよう。

五十代の珠子さんは、隅田川を一望できる高層マンションを所有している。休日のテニスのおかげでスポーティなスタイルを保ち、社内では女性の出世頭である。

四十代の美香さんも分譲マンションに住み、一緒に旅行する気軽なボーイフレンドもいる。一人の相手とではないが、不倫経験が延べ十年をこえる美雪さんは、社費での海外留学に昇進と、確実にキャリアを積み上げている。流行のスーツにフィットネスクラブできたえた身体《からだ》という外見も、その肩書きにふさわしい。マンションも購入済みだ。

年齢より若々しく、四十代、五十代でも男性の目をひきつけることができ、好みのインテリアでまとめた自室でひとりの時間を楽しんだかと思えば、女友だちと高級レストランに気軽に出かけていく。そんな彼女たちは、「不倫している」という一点をのぞけば、ファッション誌に「あこがれの五十代」や「理想の四十代」として紹介されても不思議ではない。

複数の家族での生活に比べると、一人暮らしは無駄が多く、手間もかかる。四人家族なら四人で共有できるトイレやバスとキッチンを、たった一人で使うのだ。食卓を整える作業だって、四人分でも、一人分でもたいして変わらない。そうした不便さは、さまざまな産業が代行してくれる。

しかし漠然とした寂しさや心細さ、人肌の恋しさまでは満たせない。社会の急激な変化を、法律や制度はフォローしきれずにいる。

男性もまた、動揺し、不安をかきたてられている。妻以外の女性との関係に、慰めや刺激を求めずにはいられない既婚男性の層は厚くなるばかりだ。不倫という関係は、社会のひずみが生んだ心のほころびを縫い合わせているのである。

第二章　社会の後押し

不倫のツール

現在五十代後半で、三十代～四十代の時に何度か不倫経験があるという、食品卸会社に勤める男性から、こんな述懐を聞いたことがある。

「昔の不倫は、もっとエロチックだった。お互いだけにわかる暗号が決めてあった。彼女の会社に電話をかけて『シロヤマ商事のサイトウです』と名乗ったら、サイトウ理容室が一階にあるビルのバーで、いつもの待ち合わせ時間に、という意味でねぇ。食事しながら暗号を決めたりするのが、また楽しくてねぇ。社内の女性とつきあっていたときは、週刊誌が合図だった。デスクに『週刊朝日』が置いてあるのが『今日はどう?』っていう意味。イエスなら新聞を置いておくし、ノーなら文庫本だったなぁ。書類のついでに、待ち合わせ時間のメモを渡すなんてときは、ドキドキして、じつによかった」

よき思い出として語る彼には、楽しい工夫だったのかもしれないが、女性の立場からすると、偽名を使ってコソコソ電話したり、妙な合図を使ったりするのには、後ろ暗いイメージがつきまとう。ケータイはそうした湿り気を吹き飛ばし、カラリと明るく乾いた雰囲気を作り出した。

社会がフォローしきれない、心のほころびを縫い合わせているのが不倫である。しかしダブル・スタンダードを抱えるその関係が、順風満帆に進むのは難しい。不倫による無理な補修が、ふたたびほころびることなく、十年ももつようになったのも、ケータイやパソコンのおかげだろう。

じつは不倫の当事者である女性から「週末に会えない寂しさ」や、誕生日、クリスマスなどの記念日を一緒に過ごせないという不満を聞く機会は減りつつある。家族とのクリスマスパーティの最中でも、ケータイを手にしたとたん、彼は「よきパパ」から「恋する男」に変貌《へんぼう》をとげることができる。たとえほんの一言でも、彼の肉声は女性の心をしずめ、なだめるという役目を果たすだろう。

ケータイの普及は、人間関係のあり方をも変えた。一台の固定電話を家族で共有し、職場でも複数の人間が一つの番号を共有する社会から、メールやケータイで「個人対個人」でつながる社会への変貌は、個室のあるレストランや、部屋に風呂《ふろ》がついている温泉旅館のブームも生んだ。ラブホテルにこもるだけが「二人きり」の時間ではなくなったのだ。

社会のひずみが生んだほころびを不倫が補修し、「一人の男に二人の女」という関係が抱える矛盾は、ケータイとパソコンがフォローしているのである。

ケータイが普及する前は、愛人の女性が「平日の昼間、妻しかいない時間帯に自宅へと電話をかけて『ご主人を私にください』とせまった」や「深夜に無言電話をかけ続けた」というエピソードをよく耳にした。

しかし現在はめっきり少なくなり、かわりに現われたのが「深夜、男性のケータイに『今すぐ来てくれないなら、これから死にます』とメールや電話をしてきた」である。固定電話を共有していた時代には、「彼と私と彼の妻」という、三人の当事者の存在を意識させられていたのが、パーソナルな通信手段の登場によって「彼と私」しか見えなくなったとも言える。

新宿の繁華街に近い書店で、こんな光景を見たことがある。年齢差の開いた、いかにも不倫らしいカップルが、二人で一冊のレストランガイドを立ち読みしていた。私がそっと観察しているうちに、二人の意見は一致したようだ。店の電話番号を暗記したらしい彼は、書店の外に予約の電話をかけに行き、彼女のほうは、「個室露天風呂」のガイドブックを持ってレジに向かった。

食事をしながら、温泉のガイドブックを広げるのだろう。たとえ一年先の計画であっても、二人の気持ちはワクワクと盛り上がるにちがいない。彼女が抱えているであろう葛藤《かっとう》も、いくぶんかはなだめられるはずだ。

こうして不倫は、いっそう融通がききやすい関係となった。しかしだからこそ、落とし穴がある。社会進出が本格化し始めたばかりの女性は、まだまだ〝新参者〟である。激しく変化する社会に適応しきれず、ズレが生じることがあるのは当然だ。ちょっぴりズレのある女性が、不倫という融通のきく関係を得たらどうなるか。欠けた茶碗に可塑《かそ》性のある金を流し込んで補修するように、不倫は彼女のズレにぴたりとはまりこむ。

お互いにズレながら

自動車販売会社に勤める敦子《あつこ》さん（44）は、十一年前、友人から奥多摩でのバーベキューに誘われた。そう乗り気ではなく、当日の朝は寝坊した。やめようとも思ったが、天気がいいので出かけることにした。

一時間以上も遅れてたどりついた会場で、参加者の一人を紹介された。その男性の顔を見た瞬間に胸がキューンとなり、「来てよかった!」と思ったという。

「最高に好みの顔だったんです。背が高くてスラリとしていて、白いシャツとふちなしの眼鏡が似合ってて。そこまでかっこよくはないけど、ヨン様系ですね」

それが当時三十歳を過ぎたばかりの、アクセサリー卸会社に勤める公治さん(42)だった。彼は二人乗りのスポーツカーで来ていたので、シングルかもしれないと期待した。

焼けた肉をとってくれるなど、気がきくところもすてきに感じられたという。車で来ていた彼はお酒を我慢していた。その話題からビヤガーデンの品定めになり、公治さんが好きな店の名前を挙げたとき、敦子さんはこう言ってみた。

「よさそうですね。今度連れていってください!」

「もちろん、いいですよ」

デートが実現したものの、彼は話のついでのように「うちの妻が」と口にしたという。

「自分は既婚だと、さりげなく伝えようとしたんですよね。私が彼に興味アリアリなのは、バレバレでしたから」

それでも、敦子さんは積極的に出た。ビアガーデンで別れぎわに「また会ってください」と告げ、約束をとりつけた。彼女が不倫するのは初めてではなかった。短大を出て三年目のとき、五つ上の顧客とデートし、好奇心から半年ほどつきあっていたことがあるという。

「若かったし、経験の一つのつもりでした。あんまり深刻じゃなくて、楽しかったですよ。それがあるから、彼とも『不倫でもまあいいか』になったと思います」

敦子さんは小柄で、ふっくらした体型だ。胸がどーんと前に突き出している。美人というよりキュートなタイプだ。派手なプリントTシャツに、穴あきジーンズが似合う少女っぽい雰囲気もあり、年齢不詳な感じがする。

公治さんとどんなデートをしているのか。話を聞くうちに、私は、敦子さんの感覚が「どこかズレているのではないか」と感じた。

半月ほど前、敦子さんの誕生日を祝うために銀座の和食屋さんに行ったときのことだ。

二人前五千円の刺身盛り合わせをはじめ、何品かオーダーしたあとになって、彼が店の壁に「岩がきあります」の札を見つけた。

手のひら二つぶんほどもある、夏に食べられる岩がきは、貝類好きの彼を強く引きつけた。

「でも、二千五百円もするんです。高いなあって、彼はためらってました」

そんなとき、敦子さんは「私も岩がき食べた〜い」と甘えたり、「食べたいなら頼めば？」と突き放したりしない。

「私も食べたい。岩がきのお金は私が出すから頼もうよと言いました」

男性にとっては「ありがたいけれど、かわいくない」申し出ではないかと思うが、公治さんはどう反応しただろう？

「べつに、普通でしたよ。わーいとか言って喜んで、すぐ頼みました。それで会計の前に渡しましたよ、二千五百円。五千円札しかなかったから、彼に二千五百円、きっちりお釣りをもらいました」

そういう態度をとる彼もちょっぴり、ズレていないだろうか？　敦子さんは公治さんをこう評する。

「スポーツカーに乗ってるから、アクティブ派かと思うとそうでもない。どちらかというとボーッとしてる。癒《いや》し系ですね。こっちが何か提案すると、逆らわずについてくる」

どこかズレている敦子さんが、そのズレを修正せずにつきあえる相手が公治さんなのかなと私は推測した。

　岩がきを食べたお店を見つけ、予約したのも敦子さんだという。誕生日プレゼントは彼女が指定したトルマリンのピアスだ。店を出ると敦子さんの部屋に行き、彼女が買っておいたスパークリングワインで乾杯した。

　敦子さんが主導権を握っているようだが、デートは「彼女が会いたい日」ではなく「彼の都合がつく日」である。敦子さんの部屋に何時までいるかも、彼が決める。

　彼は二人の関係のかなめを握りつつ、受身で無責任でいられる。敦子さんは「別れる理由がなかったから続いた」と言うが、彼にとっては、無理する必要のない、都合のいい相手なのだ。

　公治さんとの出会いのエピソードでもわかるように、敦子さんは積極的な性格だ。仕事は事務職だが、保険関係の資格を取得し、顧客をつかんでいる。月に五万ほどの副収入になるそうだ。

　キャリア志向ではないが、やり手で堅実だ。公治さんとつきあいはじめたのをきっかけに、都内の実家を出て一人暮らしをはじめた部屋は、都心から離れた府中市内の七畳のワンルームで、家賃は六万円台と堅実だ。

　季節はずれの服をまめに実家に運ぶなど、荷物を最低限にとどめている。貯金と株で、二千万以上の資産があるそうだ。

「彼の会社は日本橋の問屋街にあるんです。バッグとか靴を扱う問屋さんを紹介してもらって安く買ってます。デパートなんかじゃもう買えませんよ」

自立心と実行力、積極性があるから、確信があり、揺らがない。がんことも言える敦子さんに、妻としてここまで仕切られたら、息苦しいにちがいない。週に一度か二度のパートタイムだから、公治さんは敦子さんのズレや仕切りを受容していられるのである。

寂しさやいらだちをぶつけたり、離婚をせまったりしたことはないかと聞くと、敦子さんは即答した。

「結婚なんて、求めたことはありません。彼が結婚していることを知ってて好きになったんだから。我慢しなくちゃいけないことはたくさんあるけど」

しかし十一年も続いたのは、彼女にとっても意外だったという。

「続けたかったわけじゃない。続いちゃったんです。終わりが来なかった。三十過ぎたら、つきあってる相手を大嫌いにならない限り、キープしますよね？　私は結婚もしたかったし、次の相手が出て来るのを待ってたけど、出て来なかった」

敦子さんのズレの根っこは、生い立ちにもあるらしい。

「母が専業主婦で、同居の姑《しゅうとめ》とうまくいかなくても、どこへも逃げられないのを感じていました。一人でも生きていられる人になりたかった」

母と祖母の確執はかなり深く、敦子さんはその間で消耗した経験がたびたびあるという。

たとえば小学校の運動会には、母と祖母が、それぞれ得意料理をお弁当にして持ってくる。二人にじっと見つめられながら口に運び、「どっちもおいしい」と、気を使わなくてはならないのがいやだったそうだ。

十年不倫が続いている状態に、彼女は「満足とまではいかなくても、納得してる」という。

「老後は不安だから、まずお金ですね。いつまで続くか、本当は別れたほうがいいと思うけれど、年齢を考えたら、ますます別れられない。こわくなってきちゃいました。お見合いパーティでも行ってみようかな。……とか言って、行かないに決まってるんですが」

十年不倫が永遠に続くかのような言い方をしていた敦子さんだったが、破局は意外な方面から訪れた。じつは敦子さんの存在にとっくに気がついていた公治さんの妻が、夫に「離婚するか、その女性と別れるか」の二者択一をせまったのだ。敦子さんは四十六歳になっていた。公治さんにそう告げられた敦子さんは、こう答えたという。

「別れてもいいけれど、誕生日の食事代は払ってちょうだいね」

お互いの誕生日に、二万円の予算で食事をする習慣があった。別れを切り出されたのは、光治さんの誕生祝いを敦子さんの支払いですませたあとだった。三ヵ月後に彼女の誕生日がやってくるが、そのお祝いの食事代を、敦子さんは公治さんに要求したのだ。

そのてんまつを聞いたのは、敦子さんと私の二人で皇居の外周をランニングしているときである。ふっくらした体型に拍車がかかったのと、健康診断で医師から生活習慣の改善を強く求められたのをきっかけに、彼女はランニングを始めた。そのため敦子さんと顔を合わせる機会がたびたびできたのである。

金銭に細かい彼女が、二万円をもらっただけで納得したとは信じられなかったが、ランニング仲間との交流や、マラソン大会への出場という目標のおかげで、さまざまな葛藤を乗り越えたようだ。もし敦子さんの誕生日を二人で迎えていたなら、不倫は満十三年を超えていた。ランニングを始めたのは、いつまでも続けてはいられないという思いの現われだったのかもしれない。

敦子さんは走れる距離を少しずつ伸ばし、皇居を三周、つまり約十五キロの完走も果たした。次はハーフマラソンを走りたい、マラソン大会に誘ってほしいと彼女に言われているが、私はためらっている。というのも、がんこに自己流をつらぬく彼女に、二十キロ超の距離を走るのを勧めるのがこわいからだ。

週に二度も三度も走るのなら、サークルに入るなどしてアドバイスを受けるなり、専門書で技術を学ぶなりの対処が必要だが、彼女は「ウォーミングアップのストレッチをする時間があるなら、そのぶん長く走りたい。マラソンの専門誌は興味がないから読まない。別に不便を感じていないので、フォームの修正をしようとも思わない」とあっさり言い捨てる。

膝《ひざ》が痛いと言い出し、一ヶ月ほど走るのをやめていた時期がある。痛みの原因を知るために、ランニングにくわしい専門家の治療を受けたほうがいいと勧めたが、彼女の答えはこうだった。

「だって整体って痛いんでしょう。えっ、カイロプラクティックは一回五千円？　そんなにお金がかかるんだったら、おいしいものを食べて、家でゆっくり休んでいたほうがいい。それに整形外科で消炎鎮痛剤を処方してもらったから、もう大丈夫です」

その一方、インターネットでマラソン大会を検索して「スイカ食べ放題の大会があるんだ。あ、こっちの大会はサクランボが食べ放題だって。いいなあ、出てみたいなあ」と目を輝かせる様子は、無邪気で憎めない。マラソン大会への同行はためらわれるが、皇居一周程度の練習会には、声をかけたくなる。桜田門をめざして走りながら恋愛について聞くと、敦子さんはあっさり答えた。

「もういいって感じかな。でもよく考えてみると、恋愛はしていない気がするんです。恋愛じゃなくて、生活だった、みたいな。燃えるような恋とは言わないけれど、異性とつきあいたいという気はあります。でもこのトシじゃ無理かな。日本の男は、女は若ければ若い方がいいって思っていますからね。しばらくは色気より食い気です」

恋愛ドラマに酔い続けて

光学機器メーカーに勤める技術者の淳《あつし》さん（37）と食事の約束をしていた日の朝、彼から私にこんな電話がかかってきた。

「大学の同級生で今も仲のいい女友だちが、急な出張で上京することになった。三人での食事でもかまいませんか？」

淳さんは、小柄で細く、眼鏡をかけ、ややさえないタイプだ。新橋の駅で待ち合わせたが、店はとくに決めていないという。しばらく歩き、全国でチェーン展開しているビヤホールに入った。料理も雰囲気もそれなりで、スマートさのかけらもない選択だ。

しかし現れたその女性、加奈子《かなこ》さん（37）は、大きな目が印象的な、パッと目立つ色白の美人だった。今どき風ではない真っ黒いストレートのロングヘアと赤い口紅も、彼女にはよく似合い、個性的な魅力を引き立てている。

彼と同じ東京の大学を卒業した後、実家のある新潟県に戻って公務員をしているという。仕事帰りらしく地味な紺のスーツだが、インナーの白いシャツは下着がのぞくほどに襟元を広げている。淳さんが「大胆なカッコだな」と冷やかすと、加奈子さんは答えた。

「仕事中はもう一つ上までボタンを止めてるよ」

初対面のあいさつをしながら名刺を交換するときは、とっつきにくく見えたが、ざっくばらんにしゃべって、ガハハと大口をあけて笑う。会話の盛り上がる楽しい人だった。

二人は学生時代の恋人同士かと思ったが、淳さんは笑って否定した。

「友だちにはいいけど、彼女にはしたくないタイプですよ」

「ひっどーい、ガハハ」

もしかしたら、彼は加奈子さんにあこがれているのかもしれないが、いい友だちとして心を許しあっている様子に、私はうらやましさを感じた。

お酒がまわってきたとき、淳さんが不意に言った。

「こいつ、もう十年近くも不倫してるんですよ」

「不倫と言わないでよ。いちおう純愛なんだから」


加奈子さんの恋人は、音楽祭やシンポジウムの企画や進行をするイベント会社の社長（51）である。仕事で知り合い、同じスポーツクラブに通っていたのをきっかけに親しくなった。

「近所のスポクラは知り合いが多くていやだから、車で三十分かかるところにしたんです。そしたらたまたま、彼の家の近所だったの」

ケータイの写真を見せてもらった。彼はスーツとネクタイは無難だが、やや長めの髪、派手なオレンジ色のフレームの眼鏡がよく似合う。地方では目立つタイプだろう。

「お酒が飲めない人なので、デートはドライブが多い。高速を二時間飛ばしておいしいラーメンを食べに行くこともあるし、隣の県のいちばんいいホテルで、ルームサービスの食事をしながらのビデオ三昧《ざんまい》もときどきやりますね。私は親と同居だから、うちには来ませんよ」

彼女は美人で魅力的だ。目立つ男性とはいえ、既婚で十以上も年上の男性をなぜ選び、つきあい続けているのだろうか？

「愛ですよ。好きになっちゃったら、年齢も何も関係ないでしょ」

淳さんがすかさず口をはさむ。

「愛！　似合わなすぎ」

「ほっといてよ」

「不倫だって似合わないよ」

「だから不倫と言うなって」

加奈子さんにとって、彼はなんでも気軽に話せる相手のようだ。メールや電話、ときには自費で上京しては淳さんに相談をもちかけるという。つきあいはじめたとき、最初に報告したのも彼だったそうだ。

私は彼女の「不倫と言わないで」という発言が気になっていた。既婚男性の恋人がいるシングル女性を取材すると、これに類する発言をする女性には、一定のパターンがあることに気づいていたからだ。

恋人のことを本気で好き、あるいは本気で好きだと思い込んでおり、「不倫したかったわけじゃないの。好きになった人に、たまたま奥さんがいただけ」と考えている。

どちらかといえば、つらい恋をしている自分に酔うタイプだ。

「奥さんとは、冷えちゃってるみたい。あんまりくわしく聞かないの。でもまあ、気持ちはこっちに向いているってことで、ワタシ的にはいちおう納得してます。寂しいこともある。でも、奥さんがいるのを知っていてつきあいはじめたんだから……。彼は会社の経費とか使えるじゃないですか。楽しい思いをさせてもらってますよ」

男性たちが口にしがちな「妻とは冷え切っている、好きなのは君だけだ」という、陳腐とも受け取れる言葉を素直に受け止める。会社の経費で愛人と遊びまわるセコさを「彼にはそれだけの力がある」と理解する。

加奈子さんのそうした感性が、秘められたドラマチックな恋に彼女を押し流していったのではないか。彼との関係はあと半年ほどで、十年に達するという。

四十を目前にした彼女に、結婚への焦《あせ》りやプレッシャーはないのだろうか。

「親はうるさいですよ。でも好きな人がいるのに、結婚できるわけないじゃないですか」

きっぱり答えた加奈子さんは、恋人の前でも「ガハハ」と大口をあけて笑うのだろうか。

「ちがうちがう、あっちでは別のキャラです。イイ女系。含み笑いが基本ってやつですか」

加奈子さんは口をすぼめ、上目遣いで「ウフフ」と笑ってみせた。すまし顔になると、イメージが一変する。近寄りがたいようなミステリアスな雰囲気がある。

「無理無理、そんなの」

淳さんがつっこむが、私には無理なく「イイ女」に見えた。

私が考えにふけりながら、冷凍ものらしい海老《えび》フライにとりかかっていると、二人は共通の知人のうわさ話を始めた。メールや電話でしょっちゅう連絡をとりあっているのが伝わってくる内容だった。

二人だけで話したいこともあるだろうと、私は先に席を立った。二人そろって立ち上がり、別れのあいさつをする淳さんと加奈子さんの呼吸はぴったり合っていた。

二ヶ月ほどたって、淳さんとコーヒーを飲みにいく機会があった。

あれから加奈子さんと、二時すぎまで飲んでいたという。彼女をホテルに送り、部屋に入って毛布を一枚借り、床で仮眠をとりながら、電車の始発を待ったそうだ。それでも「身体《からだ》の関係はない」と断言する。

「男のほうは、ほかでも適当に遊んでいるかもしれない。そんなことを言って傷つけるのもどうかと思って、何も言わないでいるけれど。美人だし面白いから、男も手放さないんだろうな」

それから、こうつぶやいた。

「なんで不倫するかなあ。こっちは結婚してもいいのに」

「加奈子さんを好きなんですか？」

彼は否定も肯定もしなかった。いい人だが、まじめすぎ、面白みがないと言われてしまうタイプである。

それでも加奈子さんにとっては、大きな存在なのだろう。前回、ビヤホールのあとで行ったのは、やはり全国でチェーン展開している安い居酒屋だという。あまりにも不器用で素朴な選択だが、だからこそ加奈子さんは「ガハハ」と笑う自分を解放できるのかもしれない。

加奈子さんにとっては、「ウフフ」と含み笑いする自分と、そんな自分を「ガハハ」と笑い飛ばす自分、どちらの自分も必要なのではないだろうか。

どちらが主でも従でもなく、片方だけではやっていけない。その両者に、ぴったりの相手が存在するからこそ、彼女はその状態を十年近くも続けてきた。

そうして話している間にも、淳さんのケータイに彼女からメールが入った。

「すみません、ちょっとレスしていいですか。遅れると怒られるんで」

淳さんは十分近く、メールのやりとりを続けた。

「衿野さんと会っているのは内緒です。女性と二人きりなんて言ったら怒るから」

怒られると口にするとき、彼は嬉《うれ》しそうだった。

それから数ヶ月後、加奈子さんの十年不倫は成立したのかどうか、淳さんに聞いてみた。

「まだ続いてますよ。十年も、よくもったもんだ」

その後、淳さんは三十九歳で四つ年上の同僚と結婚した。彼女には離婚歴があり、子供も一人いる。それぞれの両親やきょうだいがそろって食事をしたぐらいで、結婚式や披露宴は行なわなかった。淳さんは義理の息子とすっかり仲良くなり、家族との生活が楽しくてたまらないようだ。結婚以来、加奈子さんとは会っておらず、十年不倫については「まだ続いているんじゃないですか」と、興味なさそうに答えただけだった。

「重さ」を受け止めてくれる男

人材派遣会社の営業ウーマン、智代《ともよ》さん（41）には、小学校六年のときのこんな思い出がある。

「日曜の午後、一人で出かけようとする父の車に、母が私を無理に乗せました。降ろそうとする父と母が口論になり、私は泣いてしまって車を降りました。結局、父は一人で出かけて行きました」

口論を聞かされたせいで、智代さんは何が起きているのかを知ってしまった。父には愛人がおり、母は会いに行かせまいとして争っていたのだ。

「うちは金持ちじゃないですよ。父は工場に勤めてて、たぶん貧乏だった。お金もないのに、しょっちゅう浮気してました。母もべつの工場に勤めて、やっと生活してたんです」

智代さんの父は「陽気で調子のいい二枚目半タイプ」だという。浮気の問題以外は、明るくて物分りのいいお父さんだった。母は根負けし、なかばあきらめていたようだが、浮気の証拠に直面すると逆上し、夫をなじった。

「両親とも高卒で、私の兄も高卒で就職しました。でも私はちょっぴり成績がよかったので、地元の国立大に入りました。奨学金と家庭教師のバイトで授業料をまかないました」

大学を卒業すると、実家のある福島県を離れて東京で就職した。

「そんな家庭に育ったら、結婚願望なんてもてるはずないですよね？　もちろんゼロでした。今もないですよ。だから、彼は私にちょうどいいんです」

智代さんの恋人は、七つ上の義明《よしあき》さんだ。旅行会社で営業の仕事をしている。彼は整った顔立ちだが、目尻《めじり》がたれぎみで愛嬌《あいきょう》がある。あまり背が高くなく、チョビひげが妙に似合い、たくみな話術で人をそらさない。そんな彼に初めて会ったとき、智代さんから聞いていた父親像と重なるので、私はびっくりした。

智代さんを「美人」と呼ぶかどうかは難しいところだ。服装や場によって、とてもきれいに見えることもあるし、髪やメークが今ひとつ決まっていない日は「うーん、どうかな」と感じてしまう。

ワイルドな女っぽさを強調する服が好きで、ヒョウ柄のぴたぴたタンクトップを着たりするが、野暮ったく、太って見える。油断したり、ツボをはずしたりすると、「美人」の領域からこぼれ落ちてしまうタイプだ。

二人は十二年ほど前に知人の紹介で知り合い、智代さんを気に入った彼がまめにデートに誘い、つきあいはじめた。その行動でもわかるように、彼は不倫なれしているようだ。

長く続いた理由をたずねると、智代さんは「深い意味はないですよ」と即答し、さらなる問いかけを拒むようにケータイを開いてメールをチェックした。結婚について聞いたときも「好きに想像してください」と一言だけだった。

智代さんは、自分の話したいことは積極的に語るが、こちらからの質問には答えをはぐらかしたり、ケータイを取り出して拒否する態度を見せたりする。私との間に分厚い壁を作っているのが明らかだ。

義明さんも、会話ははずむし、まめに気配りをしてくれるものの、どこか上滑りだ。壁は低いが、表面がつるつるしすぎていて、足がかりが得られない。

分厚い壁とつるつるした壁。形状はちがうけれど、深いところまで踏み込ませまいとしているのは、二人とも同じだ。

人との接し方に通じるものがあるから、続いたのかもしれないし、十年以上も秘密を共有してきたからこそ、そうした態度が身についてしまったのかもしれない。

私をこの二人と引き合わせてくれた、知人の女性は言う。

「長く続いてる理由は、智ちゃんが彼にすがりついているからですよ。すっごく尽くしてる」

彼が飲み会やゴルフの帰りに、智代さんの部屋に寄るのが二人のデートだ。千葉県だが東京に隣接する市川市のアパートだ。外食はめったにしない。彼はお酒を飲まないので、智代さんがデパ地下で話題のスイーツを買っておく。時には手料理を用意する。

知人の女性はこうも言う。

「彼には別れる理由なんかない。気が向いたときに行けばいいんだから。ときどき、仕事が忙しいからとか言って、一ヶ月ぐらい来ないときもあるんだって。ほかにもオンナがいると思う」

智代さんの母親は、夫の浮気が発覚するたびに、泣きわめき、夫をののしるなど、怒りを爆発させていたという。智代さん自身はどうなんだろう。私の知人はこう分析する。

「智ちゃんは爆発させず、押さえ込んじゃうタイプ。彼を失うのがこわくて、強く出られない。女友だちを集めてぐずぐず泣いて耐えてますよ」

そんなつらい思いをさせられながら、なぜ、別れないのか。

「智ちゃんも、合コンとかに出たりしてます。不倫じゃない彼氏を欲しがってる。つきあいかけたこともあるけど、うまくいかない。知り合って間もない男性に、お父さんの浮気の話をして延々と泣いたり、変に嫉妬《しっと》して束縛したりしてるみたいです。男の人とうまく距離がとれないの。今も、尽くしているといえばそうだけど、ちょっと普通とちがうでしょう？　重すぎるんでしょうね、彼女は。結局また、あの男のところに戻っちゃう」

智代さんは自分自身でも「重たいもの」を持て余し、誰かに投げかけずにはいられない。会う時間が限られ、既婚という引け目のある義明さんになら、彼女は気兼ねなく、すべてをぶちまけることができる。

義明さんは家庭という帰る場があるからこそ、そんな彼女の重みを受け止める余裕がある。つるつるした表面ではぐらかすのも得意だ。重さに疲れたら、ふいっと現れなくなればいい。

智代さんの言うとおり、彼は「ちょうどいい」男性だ。だからこそ、十年以上も続いたのだろう。智代さんの心の中には「こんな男でもいないよりはマシ」という思いがあるのだろうか。そして彼女の母親もまた「こんな夫でもいないよりマシ」と考えていたのだろうか。

性意識の一致

コンピューター・ソフトメーカーの事務職員の頼子《よりこ》さん（38）は、二十六歳のとき、当時勤めていた専門商社の先輩で、四つ上の正春さんとつきあいはじめた。彼に妻がいるのはもちろん知っていた。

その商社は社員五十人ほど、家族的な雰囲気で、社長をまじえてのバーベキュー大会など、イベントがしょっちゅうある。そうした場で二人は親しくなった。

二人きりで何度か食事するうち、正春さんはこう言ったそうだ。

「結婚する前に出会いたかった」

既婚男性がシングル女性を口説くときの常套句《じょうとうく》の一つである。しかし頼子さんはこう言う。

「気持ちを揺さぶられちゃいました。私も同じことを思っていたので」

しかし、そこまで告白しながらも、正春さんは身体の関係を求めようとはせず、ふだんどおり「じゃあ、また」と帰っていったという。

「セックスは頑張らなくてはいけないものだと考えていたようです。でも彼は淡白なほう。頑張らなくてはいけないが、頑張る自信がないし、無理して頑張るのもどうかなというような、複雑な気持ちだったようです。手をつないだのも私のほうからでした」

時間はかかったものの二人は結ばれ、それが社内で噂《うわさ》になると、いづらくなった頼子さんは退社し、派遣社員を経て別の会社に勤めた。

つきあい始めて十二年、二人の不倫はまだ続いている。私がこの二人と出会ったのは、友人宅のホームパーティである。二人をよく知るパーティの主催者から、長期不倫のカップルだとは聞いていた。日本酒好きという趣味が一致した頼子さんと私は、キッチンの冷蔵庫の前で話しこんだ。

頼子さんは南国・九州生まれのイメージそのものに、小麦色の締まった体つき、彫りの深い顔立ちの美人だ。魅力的な彼女が不倫という関係を選び、十二年も続けてきたのはなぜなんだろう。

「趣味が同じなんです。陶芸を見るのも作るのも大好き。月に一度、同じ陶芸教室に通っていて、そこで知り合った人たちと、各地の窯元《かまもと》をたずねる旅行をしたりしています」

正春さんは、小柄で細く、眼鏡をかけ、神経質そうな感じがする。初対面の私には、クールでとっつきにくく感じられた正春さんだが、陶芸に関しては、熱っぽく饒舌《じょうぜつ》になるのだという。

小さな会社なので、収入は多くないものの、子どもはおらず、妻も正社員で働いている。親から相続した都内の一戸建てに住んでいるから、生活には余裕がある。陶芸教室や旅行の費用は各自が出すが、ふだんのデート代は、彼がもつことが多いそうだ。

陶芸教室のある第三土曜の午後、二人はともに陶芸を楽しんだあと、二人のもう一つの共通の趣味である「おいしい日本酒」を専門店まで買いにいく。そして早めの夕食をすませてから、中野区内にある頼子さんの部屋で、買ってきたばかりの日本酒を、手作りの器で楽しむ。

冬は、ホットカーペットの上に置いたこたつで差し向かいになり、足元をぽかぽかと温めながら、冷たい日本酒を飲む。眠くなるとごろりと横になり、うとうとするうちに、帰る時間がやってくることもある。

性意識の一致も大きいようだ。

「私も彼と似ていて、ベタベタするのは好きですが、我を忘れてのめりこむ、みたいなのは苦手なんです」

正春さんの前につきあっていた男性も「セックスは頑張らなくてはいけない」と考えていた。ただ、彼は正春さんとは対照的に、性に対して好奇心旺盛《おうせい》だったという。

「私がベタベタしていくと、求められているんだ、応《こた》えなくてはいけない、そう考える人でした。スキンシップだけでいいのに。自分は上手だと思いこんでいて、色々されるのも……」

正春さんとつきあいはじめて、彼が義務感から手を伸ばしてきているなと感じることがたびたびあった。

「さりげなく手をはずしたりして、頑張る必要がないってことを教えてあげたんです。前の彼は義務感だけではなく、自分もしたくてやっていたので、ストップをかけられなかったけれど……」

聞いていると、正春さんにとって、彼女は実にありがたい存在だろうなと思う。しかし、頼子さんにとってはどうだろう。

「結婚願望ですか？　ありましたよ、もちろん。お見合いしたことも何度かあります。でも、彼よりも話が合う人がいなかった。子どもが好きだし、お母さんになりたかった。今も、なりたい気持ちはゼロじゃないです。彼でもいいかな、と思ったこともあります。彼の奥さんに子どもが生まれたら、そのとき別れてたと思います」

重たい口ぶりだ。どうやら彼女は、正春さんが妻と別れ、自分と結婚してくれるのを期待していたらしい。

しかし彼に向かって「奥さんと別れて私と結婚して」と言ったことはなく、将来について話しあったこともないという。

「普通の恋人みたいに、しょっちゅう会えるわけじゃないですから、やっぱり、会ったときは、重たい話をするより、いい時間を過ごしたいと思うんですよね。一緒に旅行するといっても、陶芸教室のみんなもいるんだし、部屋も別ですから」

パートナーに配慮して、自分の感情を抑える。自分は一歩下がって、男性を立てる。頼子さんは昔ながらの良妻賢母のタイプなのだ。以前の恋人とのセックスについて語ったときにも、彼が上手なつもりで披露するテクニックを「喜んでみせるのも義務のうち」と思っているようなふしが感じられた。

頼子さんは良い妻、賢い母になる素質があるからこそ、正春さんと十二年続いてしまったのではないか。陶芸や日本酒という趣味も、たまたま同じというよりも、頼子さんが彼に合わせてきたのかもしれない。

とはいえ結婚できる可能性は薄く、期待もしていないのに、まるで彼が〝主人〟であるかのように気をつかう。そこに彼女のズレを感じてしまう。

では正春さんは、どんな意識でいるのか。煙草《たばこ》を吸いにベランダに出た彼を追いかけ、話しかけてみた。

正春さんは饒舌ではない。ぽつり、ぽつりと語る中から、彼の気持ちが少しずつ見えてきた。

すでに生活の一部になっている彼女を手放したくないが、責任はとりたくないし、夫婦の仲も良好だから、離婚に踏み切る理由もない。

やがて彼は「なんとかしなくちゃいけないな、とは思っているんですが」とつぶやいた。

彼の生き方やスタンスは、たぶん、この十二年間、ほとんど変わっていない。それとは対照的に、頼子さんは大きな変化を経験してきた。

まずは転職だ。正春さんとの噂から逃れるように会社を辞めたものの、次の仕事が見つからない。派遣会社に登録して事務の仕事をしながら、パソコンの講習を受けてスキルアップをめざした。

現在の会社に採用されると、上司に恵まれ、女性では初の課長補佐に就任した。なじみ客同士がカウンターですぐ飲み仲間になるような、気のおけないバーもいくつか知っている。

出張先では一人で居酒屋に入り、地方の味を楽しむこともあれば、入りやすい店が見つからなければファストフードですませる。

「以前なら考えられないです。一人暮らしできたえられちゃったんです」

どこか痛々しい「おひとりさま」とはちがい、ごく自然な口調だった。十年不倫は、良妻賢母をめざしていた腰掛ＯＬに、一人で生きるすべを身につけさせたのだ。

彼女はもうじき四十代を迎える。結婚の可能性や妊娠出産を考えると、決断のしどきと言える時期だが、不倫によって結婚観も変わったようだ。

「三十代なかばぐらいまでは、彼と結婚したいっていう気持ちも少しはありました。でも今は、一人暮らしがいちばんいいと思う。私はがんこで、わがまま。人に合わせるのは苦手だから、結婚は向かない。子どもも、欲しい気持ちはあるけど、私には育てられないでしょう。結婚願望はあったけれど、本当は結婚に向いてないのかもしれない。ずるいかもしれないけれど、男性とは、今ぐらいの関係がちょうどいいんです」

心からそう思っているのかは疑問だが、「そう言える自分でありたい」という気持ちは伝わってきた。同時に、感情を抑え、恋人に尽くすのが「結婚への近道」と誤解してはいないか。

〝不倫体質〟に変わっていく女性

ここまで紹介してきた女性たちは、自らのかかえる「生きづらさ」に寄り添ってくれる男性に出会った。

敦子さんはズレた仕切りぶりを発揮したがっているし、智代さんは重さを誰かに預けたがっている。頼子さんは、口には出さずに「私と結婚してくれるかも」と、じっとりした期待感を抱き続け、加奈子さんは「二人の自分」を必要としている。

フルタイムではなく、パートタイムでパートナーをつとめればよい既婚男性だからこそ、「理想の男性」として、そのほころびを縫い合わせることができる。

この時代にあって、理想のパートナーにめぐりあい、社会からの追い風を受けて、十年以上にわたって関係を保ち続けられるのは、「幸せ」ともいえる。しかし、彼女たちが「理想の男性」に妻がいるという現実と折り合いをつけるには、さまざまな能力を身につけなくてはならない。

寂しさに耐える力、堅実な生活設計や将来への備え、白黒つけずに清濁あわせのむ度量、利害ぬきで助け合える仲間などを得ていくうちに、彼女たちは「一人でも生きられる女」になっていく。自らの十年不倫を饒舌に語るのは、ガス抜きであり、複雑な感情を言語化して自己確認するためでもあろう。それもまた、現実と折り合いをつける能力の一つである。

十年不倫に限らず、結婚したい、恋人がほしいと言いながら、男性をはねつけるヨロイを脱げずにいる女性に数多く出会ってきた。結婚願望と強固なヨロイというズレに、不倫はぴたりと貼《は》り付くのだ。

既婚男性と関係をもつ女性に対して、男性と女性では認識にズレがあるのも気になるところだ。不倫の当事者であるシングル女性は、既婚男性との関係を「恋愛」だと考えている。彼女に不倫の悩みを打ち明けられた女友だちも「つらい恋をしているんだね」と同情する。

しかし男性はどうだろう。三十代〜五十代の男性たちから出てきた言葉を列挙してみよう。

「純粋な気持ちで不倫する男なんて見たことないから、不倫したことがある女は〝遊ばれた女〟に見える」

「男友だちから不倫の自慢話なら聞いたことがある。しかし不倫は不倫で、恋愛の打ち明け話とはまったくちがう」

「女性は『不倫』も恋愛の一種だと思っているかもしれないが、大半の男は『浮気』だと思っているはずだ」

「不倫をOKする女性は、恋愛やセックスに対して物分かりがよく、軽くて、開放的なんだろう」

女性が考えている以上に、不倫する女性に対する男性の目はきびしい。十年不倫の経験は「うしろ暗い秘密」になるかもしれない。そして不倫カップルの女性は、自らの不倫パートナーにも「しょせんは不倫する女」と、見くびられてはいないだろうか。

しかも不倫するシングル女性は「加害者」でもある。慰謝料の請求も可能な「被害者」がいることを忘れてはいけない。

第三章　十年不倫された妻たち

浮気調査最前線

夫の背信に気付いた妻たちはどんな行動をとるのか。男女関係の調査も多く手がける調査会社を訪ねてみることにしよう。

ＪＲ千葉駅から十五分ほどの場所にある「愛晃《あいこう》リサーチ」は、昭和五十八年に設立され、東京都・神奈川県・千葉県弁護士協同組合特約店の調査機関だ。社長の金子和《かず》央《お》さんは、がっちりした身体《からだ》にスーツがよく似合う五十代、警察出身のベテランである。オフィスには、社長室兼用の応接スペース、会議室、数人の調査員と営業担当者のデスクが並び、ごく普通の会社と変わらない。

しかし奥のほうに足を踏み入れると、人の背より高い棚に、盗聴器、発信機、高感度カメラなどがびっしりと詰まっている。その脇《わき》には、たとえば「妻の依頼で、夫の持ち物に発信機をとりつける」という工作を行うために、本格的な工具をそろえた作業デスクもある。

具体的にどこへどうつけるのかは、今後の調査にさしさわりがあるので書けないが、「こんなところに、まさか？」という場所ばかりである。

金子さんは言う。

「車やカバンに異常がないからと思っていたら大間違いですよ。いつも通りのスーツを着て、カバンを持たず、車も使わずに外出したとしても、分単位で完全に行動をマークされているかもしれません」

同社にあるパソコン画面上の地図には、発信機をつけた調査対象者がどこにいるのか、今日一日はどんな動きをしたのかが一目瞭然《いちもくりょうぜん》に現れている。そのうちの一人、ある会社員の動きを追って見せてもらっていたら、朝からずっと会社にいたのに、突然、オフィスを離れて動き出した。

「あっ、動き出しましたよ！」

私が興奮して声をあげると、金子さんはちらっと画面に目をやり、こともなげに答えた。

「昼飯を食べに出たんでしょう」

調査のプロが「これは！」と感じた動きがあると、カメラなどの機材をそろえて車で急行する。複数の調査員が連携をとり、二重、三重の備えをする。

依頼者の許可を受けて、調査対象者の部屋に行ってみることもあるそうだ。

「その人の椅子《いす》にすわり、本棚や壁など、目に見えるものを一時間ほど観察します。その人がいつも見ているのと同じ景色をじっと観察することで、人となりが見えてくるんです」

もし行動を疑われ、プロに調査を依頼されたら、秘密を隠し続けることはできないということだけは、覚悟する必要がありそうだ。愛晃リサーチでは、浮気や不倫に関する調査は月に七〜八件の依頼があるという。夫からの依頼もあるが、妻からのほうが多いそうだ。

私が取材した十年不倫の夫たちは、多くが「妻は気付いていない」と断言した。その話を金子さんにしたら、即座に否定された。

「そんなことはない。奥さんは絶対に気付いていますよ」

調査依頼にやってくる妻たちは、夫の裏切りの気配に、数年前から気付いていたというケースが少なくないそうだ。

「真実を知るのがこわい、知りたくないと悩み続けたあげく、『やっぱり、決着をつけたい』と思ってここに来るんです。生活費さえ入れてくれるのならと、わりきっている妻でも、『いつかはケリをつけたい』という気持ちがどこかにあり、さんざん悩んでから、調査を依頼してくるんです」

数年間も迷いに迷ってから行動を起こす妻たちとは対照的に、妻の裏切りに気付いた夫たちは、疑いを抱くのと同時にやってくるそうだ。

それにしても、夫の裏切りは、どうして妻にばれるのか。

調査依頼に現れた妻たちが状況証拠として挙げるのは、高速券やレストランのレシート、クレジットカードの請求書、ケータイやパソコンのメールが多いという。

愛人からのメールなどすぐ削除すればよいものを、いつまでも残しておく人も多いようだ。逆に、着信記録も送受信メールもすべて削除してしまい、かえって怪しまれる場合もある。

むかしは証拠の残るラブレターなど書かなかったけれど、現在では、不倫でも、いや不倫だからこそか、男性たちはハートマークのついたラブメールを送ってしまったりするのだ。

「男はロマンチストだから、何度も読み返したいものなんでしょう。愛人からのケータイメールをパソコンに転送して保存している夫もいましたよ」

また、行動パターンは妻に読まれているのに、いつもとちがう言動をとってしまう。「玄関で顔を合わせたときに目をそらしたり、『急に部長に誘われた』など、しなくてもいい言い訳をしたりするんです」

こんな疑念から、調査依頼に現れた妻もいるという。

「うちの夫は足が臭い。なのに最近、うちに帰ってきたときに、臭くないことがあるんです。おかしいから調べてください」

クレジットカードやケータイ、パソコンは不倫をしやすくするツールであると同時に、「ばれるもと」でもある。

私が妻たちから聞いた「ピンときたきっかけ」は、たとえば次のようなものだ。

「メールの着信音が聞こえたのに、ケータイを出して見ようとしない。私が『いいの？』と聞くと『いいんだ、どうせ迷惑メールだ』と変な言い訳をする」

「それまでほったらかしだったケータイを、風呂場《ふろば》の脱衣所にまで持ち込むようになった。おかしいと思って開いてみたら、暗証番号でロックをかけてあった」

「駅まで車で迎えに来てほしいなどの用事でメールを使っていたけれど、使いこなそうという意志がなく、改行のしかたも知らなかった。なのに、急に顔文字や絵文字を使うようになり、変換ミスも減った」

なぜ夫たちは、無防備なのか。金子さんはこう分析する。

「夫は妻の手のひらの上で踊っているのに、『ばれっこない』とあなどっている。だから、つい、痕跡《こんせき》を残すんですよ」

夫の下着や、ワイシャツの襟《えり》の裏など目立たない場所に、口紅や髪の毛がついているのを発見してやってくる妻も多いそうだ。

「なぜなんだろうと考えてみたんですが、たぶん愛人からのメッセージなんでしょう。ばれたら困るが、自分の存在をにおわせたいという、矛盾した気持ちがあるんじゃないですか」

かつて既婚の男性とつきあっていたとき、私も同じ思いをしたことがある。自分がこんなに苦しんでいるのに、同じ男性をはさんでいる妻は、何も知らずに平穏に暮らしているというのが、不公平に感じられるのだ。妻からすれば「言いがかり」だろうが、当時は本気でそう考えていた。

さて、夫のお相手は、妻の見知らぬ女性だというケースが七、友人や会社関係など妻も知る人だというケースが三の割合だそうだ。知っている人だと、妻の衝撃はさらに大きい。

「逆上して飛び出そうとするのをなだめます。怒りをぶつけても解決にはつながらない。カウンセラーなど心の専門家を紹介してほしいと言われることも多いため、営業担当者はカウンセリングの勉強を始めています。また、そうした妻たちに寝るときの服装を聞いてみると、十人中九人が色気のないパジャマを着ているという。そうじゃなくてネグリジェを着なさい、夫の前で着替えたりせず緊張感を保ちなさいとアドバイスします」

長年、浮気調査を手がけてきての実感を聞いてみた。

「不倫する男性は好奇心、向上心、バイタリティーがあり、女性にとっても魅力的なのではないか。『英雄、色を好む』は本当だと思います」

しかし、危険のある関係は緊張感、高揚感があるが、それだけに長続きはせず、結局は別れてしまう。

「夫は、最後は妻に戻るんです。不倫は、生活、お金、考え方のちがいも関係ない、都合のいい間柄だから続くのであって、夫は妻に『もう我慢できない』と切りすてられたら困るんです。調査などのからまない不倫を長く続けている男性は、女性の心のツボを心得ているのでしょう」

不倫を続けるうちに、女性が「不倫の似合う女」になっていくように、男性は「上手に不倫のできる男」になっていくのだろう。

裏切りへの対処法

次に訪問した「ガルエージェンシー」は、同社の若く美しい渡辺直美《わたなべなおみ》社長が「女探偵ナオミ」をキャッチフレーズに本を書いたり、女性誌に登場したりと華やかな印象がある。

女性誌で広告を見かけることも多く、調査依頼に訪れる人たちも、地域密着型の「愛見リサーチ」とは対照的かもしれない。

おしゃれな街として知られる「神宮前」の一角に、こった造りの社屋がある。調査グッズがインテリア小物として飾られている以外は、カフェのような雰囲気の応接室に通された。渡辺さんの話でまず驚いたのは、不倫中のシングル女性からの依頼や相談も多い、ということだった。

相談の内容は「妻とうまくいってないというのは本当なのか」「子どもが大きくなるまで離婚できないというのは本当なのか」「妻の具合が悪く入院中で会えないというが本当なのか」「仕事を会えない言い訳にすることが最近多いが本当なのか」「私のほかに愛人がいるのではないか」などだという。

女性たちが不倫相手の言葉を信じきれず、悩んでいる姿が想像される。

「はじめの電話では『恋人が』と言い、じっさいに会うと『じつは奥さんのいる人で』と打ち明ける。相談に来るのは、暮れの時期が多いですね。春や夏ではない。GWだと『私も遊びに行くから』とさっぱりしている。寒くなると人恋しくなることもあるし、年末年始は家族と過ごす人が多いから、いろんな心境が重なる時期なんでしょう」

そうしたシングル女性はどんなタイプが多いのだろうか。

「キャリアウーマン的にバリバリやっている人とファザコンが多いですね。男性として器の大きい人に『かわいい、かわいい』と言われたいタイプ。年上だと安心し、年下や同い年とはつきあえない。女性からみて父親と同じぐらいの年齢の人だと、奥さんがいることが多いでしょう」

男女とも既婚者というダブル不倫は長く続くが、既婚男性とシングル女性の組み合わせは、男性にその気がないのに女性の結婚願望が強まったり、逆に、男性が「妻と別れる」と真剣になってしまったりで波乱が生じ、長続きしにくいという。

ばれずに不倫を長く続けるには、コツがあるそうだ。

「まずは会う回数をしぼること。うまくいってるケースでは、月に一〜二回というのが多いですね。それから『現地集合・現地解散』です。また、たとえば『誕生日だから横浜までドライブしよう』などといった特別なことをすると、楽しいからくせになり、ついまたやってしまい、人に見られるリスクが高まります」

回数や会う場所について、はじめにルールを決めておくのも有効だという。また「打ち明ける相手を厳選する」ことも必要だ。

「女性はつい、友だちに『私はこんなにうまく不倫してるのよ』と自慢してしまいますが、聞いたほうは、黙っていられず人にしゃべります。相手の妻に知らせるおせっかいな人もいます。ここに来てしゃべるだけしゃべって『ああスッキリした』と、調査依頼はせずに帰る人もいますよ。思いを言葉にすることで、整理がついたり、反省したり、納得したりするんでしょう」

妻の立場から、夫の裏切りへの対処法はあるのだろうか？

「離婚するつもりで証拠をつかむなら別ですが、家でそこそこ〝いい夫〟なら、よけいなことは見ないのが大事です。夫のケータイを一回でも見てしまうと、もうやめられず、くせになります。それでケータイにロックをかけられたりすると、大きなショックを受けます。浮気されて『私も悪いんだ』と思う人は、かえって浮気されないと思います」

最後に、この十年での変化を聞いてみた。

「妻に証拠写真を見せたときの反応がちがってきましたね。以前はキャバクラや取引先の女性など、妻の知らない人が相手でした。今は写真を見たとたんに、妻が『この人、知ってます！』と叫ぶような、身近な相手が増えてきました。お金を使わないですむのと、それだけ『浮気は悪いことではない』という感覚になったからでもあるでしょう」

不倫がどれほど一般化しようとも、当事者の苦悩が消えるわけではない。夫にあなどられている妻はなおさらだ。

いずれ調査会社に現れるかもしれない妻たちを、不倫に対する態度でタイプ分けしながら紹介してみよう。

不倫ではなく、浮気［真剣に苦しむ型］

専業主婦の春子さん（45）の夫（48）は、製薬会社のプロパーだ。高校生の息子が一人いる。

夫に「離婚してほしい」と言われたことが二回、夫が愛人宅に泊まり続けて、一ヶ月近く帰ってこなかったことが二回あるそうだ。

春子さんと会ったのは、新宿の駅ビルの中のレストランだ。ランチを一緒にしたのだが、彼女は「新宿は久しぶりだし、いいわよね」と、グラスワインをたのんだ。ふっくらした体型にジーパンとポロシャツで、若々しく見える。長いパーマヘアを後頭部でゆるく束ねている。美人というよりかわいらしいタイプだ。飾らない服装のわりにメークが濃い。アクセサリーは結婚指輪だけだ。

ふだんお酒はほとんど飲まないという。ワインの半分以上を一気に飲んでからの彼女は、ずっとしゃべりづめだった。知人を介して会うことになった私に、思いきり感情をさらけだし、スッキリしたいという思いがあったようだ。

具体的なエピソードよりも「とにかくひどい、腹が立つ」というような、感情的な発言が多いが、私は彼女の事情をあらかじめ聞いていた。

夫の太一さんは、眉《まゆ》の濃い、精悍《せいかん》な顔立ちだ。百八十センチのスラリとした長身だが、胸元はがっしりとたくましい、かっこよくて目立つ男性だ。

彼は「不倫ぐせ」とでも呼びたくなるような頻度で、春子さん以外の女性と交渉を重ねている。

その中でもっとも長く続いている相手とは、なんと結婚前からだという。その女性の結婚と離婚をはさみながら、つきあったり別れたりをくりかえし、中断を含めて二十年近く続いている。

しかし、離婚を申し出るほど思いつめたり、部屋にいりびたりになったりした女性は、その彼女ともちがう。いずれも別の女性だ。

男っぽいタイプの彼は、ふだん、家族の前で裸になってお風呂《ふろ》に向かったり、ケータイをほうりだしたまま忘れて出勤したりする。が、相手ができると、春子さんの前で服を脱がないように気をつけ、ケータイを持ったままトイレに行くようになる。

ケータイがなかった時代には、背広のポケットに「七時、プリンスロビー」など、不自然な女文字が書かれたメモが入っていたこともある。

「隠したいのか、隠したくないのかわかりませんよね」

春子さんは苦笑するが、そうした変化をキャッチしたとたん、彼女は作戦を開始する。夫のケータイをそっと見る。夫の帰宅時間と遅くなった理由をメモしておく。

「はっきりした証拠をつかんで、目の前につきつけてやるつもりなんですが……」

それより前に、夫のほうが落ち着かなくなり、無断外泊や女性から電話がかかってくるなどの事件が起きる。兆候がまったくないのに「離婚したい」と言い出されたこともあるという。

「主人は夢中になると何も見えなくなるんです。子どもが何かを買ってほしくて、だだをこねて暴れるのと同じ。結局はさめるんです。さめるって自分でもわかってるくせに、なんで、離婚とか言い出しちゃうんでしょうね」

以前、深夜二時過ぎに電話がかかってきたことがある。春子さんは、佐賀県に住む両親に何かあったのではと心配になり、出ようとしたが、太一さんに「いたずらだろう、ほっておこう」と止められた。

ベルが鳴り止《や》んだので、留守番電話にしてみた。すると再びかかってきて、こんなメッセージが流れ始めた。

「ベランダから電話してます。飛び降りてもいいですか？　遺書を書いたから見てください」

太一さんは舌打ちして出かけていき、翌日まで帰らなかった。私には、彼が「恋愛依存症」におちいり、似たようなタイプのあやうい女性とひきあってしまうように見える。

春子さんには離婚の意志がないという。

「絶対に別れる気はありません。子どものこともありますよ。あるけど、やっぱり……私は主人のことが好きだから。うまくやっていきたいから」

今はそうしたトラブルの渦中《かちゅう》にはないそうだが、かつての思いがよみがえったのか、春子さんはうっすらと涙をためる。

「いちばん悲しいのは、私がこんなに好きなのに……。家でも大事にしてますよ、彼のことを。それなのに、私の気持ちをふみにじって外に行っちゃうこと。私も浮気すればいいのかもしれないけど、主人が好きだからできない。どうしてわかってくれないんでしょうね」

春子さんは夫の行為を「浮気」と強く言い切っていた。長く続く恋愛や不倫ではなく、一時の遊びなのだと確認したいようだった。

春子さんと夫と三人で会ったことがあるのだが、そのときの彼女は、私の前でも平気で夫をやっつけていた。

「こないだ私、風邪をひいちゃって。みかんを買ってきてと頼んだのに、りんごを買ってきたんですよ、それも二度も続けて。なんか風邪にはりんごを買っていくものだって、インプットされてるみたい。どの女の趣味だったのかしら?」

太一さんは、ただ笑っているだけだったが、ふだんもこの調子では、決して居心地がよくないだろう。だから彼は外に居場所を求める。それが春子さんを傷つけ、武装させる。居心地はさらに悪くなり、また逃げ出したくなる……。この夫婦は、そんな悪循環にはまりこんでいるようだ。

夫の「浮気」が表に出るたびに、春子さんは彼を追及し、泣いてなじるが、息子をはばかって、二人きりのときだけにとどめているという。離婚の意志はないと公言しているし、家出や家事の放棄もしたことがないそうだ。それどころか、夫婦の仲が改善される面もある。

「そういうときは、かえってセックスが復活するんです。ふだんはめったにないのに」

ここ数年は、一年に一度か二度という、セックスレスに近い状態だ。しかし彼の浮気トラブルの渦中にある時は、二人きりで遅い時間まで話しこんだり、感情が激して涙ぐみ「どうしてそうなのよ！」と思わずつかみかかったりと、コミュニケーションが密になるのだという。

太一さんの「浮気」を軸に、大きく揺れ動いている春子さんを「真剣に苦しむ型」の妻と呼ぼう。

彼女は慣れたり、あきらめたりすることなく、太一さんが妻以外の女性に情熱を燃やすのと同じぐらいのモチベーションを夫に対して維持し続けている。執着と呼びたいほどだ。息子が冗談まじりに「ママ別れちゃえば」と言うこともあるそうだ。

ちなみに太一さんがつきあったことのある女性を二人、見たことがある。どちらも、春子さんにそっくりのタイプだった。

トラブルを避けて［見て見ぬふり型］

春子さんとは対照的に、大阪市の郊外に住む主婦の露子さん（51）は、今まで一度も夫（56）を問い詰めたり、泣きわめいたりしたことはない。

結婚とともに家庭に入ったが、子育てのかたわら華道を習い続け、今は自宅で二十人ほどの生徒に教えている。中肉中背で、大阪市中心部の難波のデパートのミセス服売り場で買った服を、無難に着こなす「ふつうの奥さん」だという。

私に彼女のプロフィールを教えてくれたのは、露子さんの夫で、関西の私立大学の事務局に勤める則之《のりゆき》さんである。

「絶対に気づかれないように、きちっとやっていますから。それがマナーだと思っていますから」

則之さんにはつきあって十数年になる五つ下の女性がいる。以前、同じ大学で講師をしていたが、別の大学に異動して助教授になった。

則之さんはあまり背が高くないが、澄んだ瞳《ひとみ》をしていて知的な雰囲気がある。秀才タイプの生徒会長が、そのまま大人になったようだ。

彼は「妻には、ばれていない」と断言する。本当だろうか？　則之さんは、妻ではない女性のことを「あっち」と呼ぶ。

「あっちとも長いから、今さら、変に舞い上がったりどうのというのはない。帰りが遅かったりもするけれど、朝帰りなどはしない。そういうものと思っているんでしょう」

彼は自動車通勤をしており、恋人の住まいは、彼の勤務先と自宅の真ん中あたりにある。月に三〜四回、仕事の帰りに待ち合わせ、食事をしてから彼女の部屋ですごすのがいつものパターンだ。

結婚はいいから早く教授になりたいと公言する、野心的なタイプだという彼女には、則之さんのような存在は都合がいいのかもしれない。恋人との間でトラブルが起きたことはないと、彼はふたたび断言した。

私が露子さんに「本当に知らないの？」と、聞くわけにはいかないが、真実はどうなのだろうか？

二人を知る周囲の人たちはこう評する。

「それらしいサインがたくさん出ていた。絶対に気づいているはず」

おせっかいな知人が、露子さんに嘘《うそ》をまじえた告げ口をしたこともある。

「おたくのご主人が、ホテル街を女性と手をつないで歩いていた。気をつけたほうがいい」

露子さんは話に乗ってこなかったという。以来、こんな評価が定着しているそうだ。

「気づかないふりをして、ダンナを手のひらの上で遊ばせている、賢い奥さん」

たしかに則之さんは、家ではよき夫であり、よき父であるらしい。休日のゴルフに子どもを連れていくこともある。年に二回の家族旅行を欠かさない。

露子さんの華道教室にも協力的で、生徒を集めた食事会をセッティングしたり、車の買い替えを我慢して、華道教室に使っている客間の改装をしたりする。

露子さんが、本当に「見て見ぬふり」をしていると仮定しよう。賢い対処をしていると言えるだろうが、ストレスは大きいにちがいない。

則之さんは、迷惑そうにしながらも、自分の言葉で多少は話をしてくれた。しかし、当然ながら露子さんに会うのは「絶対にやめてください」と強く止められた。

彼女の内面を知る手がかりとして、十年ではないが、夫の不倫に気づきながら、見て見ぬふりを続けている専業主婦の久仁子《くにこ》さん（35）に話を聞こう。

「夫への疑いを……疑いじゃなくて事実ですが、表面に出したら、問い詰めたり喧嘩《けんか》したり、ストレスいっぱいのことをしなくちゃならない。子どもが小学校に入り、私も緊張していて、そっちのトラブルにまで対処できない。そんな時期にひどいとは思うけど、今は、感情を押し殺している。今、騒いでもプラスにならないから」

　永遠に黙っているつもりなのだろうか？

「リベンジするかもしれないし、このまま終わって、私も平気になっているかもしれない。平気になったほうが楽だと思う。今はその時期じゃない、気づかぬふりだと自分に言い聞かせています。でも認めていると思われると困るから、わざと『香水のにおいがする』とか『ネクタイの結び目が今朝とちがう』と言って牽制《けんせい》してますよ」

　久仁子さんは、女性ばかりの食事会に現れては、夫への疑惑や不満をひたすらぶちまける。お酒を飲まないかわり、デザートを三人前食べる。

　食べたくて食べている様子ではなく、話の合間に、無意識のようにケーキやプリンを口に押し込むのである。花柄プリントのフェミニンなワンピースなのに、足元はスニーカーというアンバランスな服装も気になる。いちおうメークはしているが、眉毛はぼさぼさだ。

　いつも何かに気をとられていて、「心ここにあらず」という感じがする。この二年ほどで、ずいぶんと太った。ワンピースの縫い目がはちきれそうだし、ブラジャーのストラップが背中の肉にくいこんでいる。

露子さんも、久仁子さんと同じように、今はその時期ではないと自分に言い聞かせているのだろうか。食事やおしゃべりで、気をまぎらせているのだろうか。

その後、久仁子さんの結婚生活は破綻《はたん》した。離婚歴のあるシングルマザーと関係をもつようになった夫は、彼女の住まいに入りびたりになり、子供の運動会にまで同行するようになった。

もっとも夫に離婚の意志はなく、二十代の若い愛人のごきげんをとるためだったようだ。シングルマザーは、夫のケータイを盗み見て久仁子さんのケータイメールアドレスを知り、「こっちの家庭のほうがイキイキしているのでは?」という意味のメッセージを添えて、運動会でお弁当を食べている三人の写真を送りつけてきた。

運動会が行なわれた日、久仁子さんの子供は熱を出して寝込んでいたのに、「ゴルフの練習に行ってくる」と外出した夫に、ただでさえ腹を立てていたのだ。彼女は真実を知って逆上した。夜遅い帰りが続き、休日は寝てばかりいるか、「ゴルフの練習」に出かけるかだった夫への怒りが、ついに爆発したのだ。

「浮気をしても、相手の女が結婚をせまったりするはずはないと思っていたんです。もし離婚したとしても、慰謝料や養育費をとられて無一文でしょう。狙《ねら》われるはずがない、と。でもその女は、メール便の配達やビル掃除のパート、福祉からのお金などをなりふりかまわずかき集めて、やっと生活している状態でした。無一文の男でも、いないよりマシだったんです」

家を出た夫は、両親の強硬な反対でシングルマザーとの同居は実現せず、実家に戻った。月に数万の養育費は振り込まれるものの、慰謝料や財産分与の話し合いがつかないため、籍は入ったままだ。

久仁子さんは乳酸飲料の配達や、生命保険の外交員、通信教育の添削などを掛け持ちしている。夫を奪ったシングルマザーを「お金をなりふりかまわずかき集めて」と評したが、彼女自身も、それに近い生活を送っているようだ。

もっとも、彼女の表情は以前より明るい。服装もかつてのようにアンバランスではなく、全体がシンプルになった。ヤケ食いもしなくなり、かなりスマートになった。三十五歳だった当時の彼女は、四十歳すぎに見えたが、三十八歳の現在は逆に三十五歳と言っても通用するだろう。

衝撃の電話［本当に気づかない型］

夫が十年も不倫しているのに、まったく気づかない妻がはたして存在するだろうか？

答えはイエスである。現に、私の目の前にいる比奈子《ひなこ》さん（44）は、まったく気づいていなかったからこそ衝撃を受け、その勢いで離婚にふみきった。

「本当に知らなかったんです。そのぶんショックが大きくて、もうダメでしたね」

比奈子さんは群馬県内で生まれ育ち、地元の大学を出てスポーツ用品メーカーに勤めた。二十六歳のとき、同い年の男性と結婚した。子どもが生まれたら辞めるつもりだったが、できないまま三十代を迎えた。

「子どもは欲しかったけれど、不妊治療を受けてまで……とは思わなかったんです。それで、じゃあ仕事をちゃんとしようということになって、総合職試験を受け、営業部に配置されたんです」

ところが三十歳で妊娠し、男の子が生まれた。仕事が面白くなってきており、辞める気にはなれない。育児と仕事で忙しい日々が始まった。

元夫の俊郎さん（44）は、家事も育児も「少しは手伝ってくれるかな」というぐらいのレベルだったという。

「でも自分も働いているので、仕事はたいへんだなあと実感します。やっぱり女性より男性のほうが、仕事で求められることが多いし。何かトラブったとき、私は帰れなくても、上司の男性は帰らないで対処したりしますよね。だから夫にとくに不満はなかった」

ごく普通の夫婦だと彼女は思っていた。

「セックスも、普通にありましたよ。月に四回か五回ぐらい。お酒を飲んでて終電に間に合わなかった、サウナに泊まると連絡してくることもたまーにありましたが、疑っていなかったです。ちゃんと電話をくれるし」

平凡な暮らしが、このまま続いていくのだろう。そう思っていた比奈子さんを激震がおそったのは、四十二歳のときだった。

夜の十一時過ぎ、俊郎さんは出張で関西泊まり、小学生の息子は自分の部屋ですでに眠っていた。テレビを見ながら「明日は何を着ていこうかな」など、のんびり考えているところに、電話がかかってきた。

「もしもし」

比奈子さんが出てみると相手は何も言わず、だまっている。無言電話かと思い、切ろうとしたら、やっと相手が話し出した。

「奥さんですよね。今、いいですか？」

電話をかけてきた女性は、俊郎さんと十年越しのつきあいだという。絶句する比奈子さんに、彼女は重ねてこう言った。

「子どもができたんです。私は生みたいんですけど、奥さんはどう思います？」

後になって、子どもができたのは嘘だということが明らかになった。俊郎さんが距離を置き始めたのに焦《あせ》った彼女が、作り話を切り札にしようとしたのだった。

しかしその場では、比奈子さんにはわからない。そのときの混乱ぶりを、比奈子さんはこう語る。

「頭が真っ白で、彼女の言葉は耳に入るんだけど、意味がつかめないんです。でも大事なことだ、メモしなくちゃと思って。テーブルの上に、友だちから届いたばかりの、ハワイの絵葉書があったんです。よくある白い砂浜と青い海の写真。その白い砂浜のところに、メモをとったんです。声や話し方はちゃらちゃらした感じはなくて、もしかしたら、同い年ぐらいかなとか変に冷静に考えたり。あとで聞いたら私より六つ下でした」

その女性は、つきあっているのが事実だと証明するつもりか、中学で卓球部に入っていたこと、双子《ふたご》の妹がいることなど、比奈子さんについての情報を並べ立てたという。

「それを聞きながら、ああ、本当に長いつきあいなんだなと思いました。家族旅行したオーストラリアのおみやげで、彼から変な木彫りのお面をもらったと言うんですが、それを買っていたのを私は見てます。しかも、もう七年ぐらい前の話です。本当に十年以上、つきあってきたんだなと」

その女性は「会いたい」と言ったが、比奈子さんは断わった。

出張から帰宅した夫のかばんを、初めてこっそり開き、手帳とケータイを見た。ケータイの受信記録も発信記録も、ほとんどが削除されたらしく、残っているのは、比奈子さんも知っている友人や会社関係のものばかりだ。かえって怪しい。

「写真で一枚だけ、変なのがありました。バーのカウンターに座っている彼の写真。誰が撮ったんだろう、あの人なんだろうなと思いました」

その数日後、夫をわざわざファミレスに呼び出して、比奈子さんはこう切り出した。

「何か隠していることはない？」

夫はあっさり認め、あやまった。

「もう別れるつもりだった。あと一回だけ、きちんとするために会って、それで終わりにする」

しかし比奈子さんは、うなずくことができなかったという。その理由をこう語る。

「今までの暮らしが全部、嘘だったということでしょう。そう知ってしまったらダメでした」

俊郎さんは、どちらかというとまじめで、「遊びの浮気」などはできないタイプだったという。その女性とも、不器用に、真剣につきあっていたにちがいないと比奈子さんは推測する。

「だからまた許せない。浮気じゃなくて、本気だったと思うから。私のことをいろいろ話していた。それだけ気を許し、身近な存在だったということですよね。だから十年も続いたんだろうし。私ではない女性との、長い歴史を背負ってる夫のことは、もう絶対に受け入れられないと思いました」

今は中学生の息子と二人暮しだ。彼女自身は元夫とは没交渉だが、息子は年に二度ほど会っている。元夫は再婚したらしいが、養育費は少額ながら、とりきめどおり送ってくる。大学への進学費用も、元夫が出すことになっているそうだ。

もし、彼がしたたかに立ち回り、不倫相手とうまく別れていたら、比奈子さんはまったく知らないままだった。離婚することもなかった。

どちらがよかったかと聞くと、比奈子さんは、しばらく考えてから、こう答えた。

「知りたくなかったです。何も知らなかったときに戻りたいと、今も思います。どうしてもっと上手にだましてくれなかったのと、文句をつけたいですね」

それにしても、なぜ気づかなかったのか。

「育児と仕事で大変だったから。今にして思えば……というのはあります。でも、いちいち疑っていたら、夫婦なんてやってられないですよね」

私は、比奈子さんが「人を疑うことを知らない」からではないかと思った。彼女の語る内容は、ストレートで裏がない。言外の意味をふくませたり、何かを言ってみて私の反応をうかがったりはまったくしない。

離婚後も、ずっと同じ会社に勤め続けている。旧姓に戻したので社内の人は、離婚をみんな知っている。

「みんな理解してくれて、応援してくれてます。ありがたいことですよね」

それは比奈子さんの人格のおかげだろう。

待ち合わせた高崎市のホテルのカフェに、彼女はグレーのスーツで現れた。どこかに出かけるのかと思ったが、私と会うための正装だった。手土産に、名産品の漬物をくれた。

私の質問を真剣に聞き、きちんと答えようとしてくれる。暖かな笑顔だ。元夫を語るときにも、感情に流されず、抑制がきいている。自分の人生に、誠意を持って立ち向かっている人だと思う。

夫の裏切りに気がつかなかったのは「自分が人を裏切ることなど考えもしないので、

相手を疑うこともしなかった」からかもしれない。

夫としては及第点［あきらめて公認型］

数年前のことだ。知人の結婚式の二次会で、初対面の人たち七〜八人と同席になった。自己紹介しあうことになり、私はちょうど持っていた自著『恋愛依存症の女たち』を取り出した。

すると、神奈川県内で会計士事務所を経営する夫（57）と一緒に出席していた真奈《まな》美《み》さん（53）が言った。

「恋愛の本なら、パパが読んだほうがいいんじゃない？　パパは恋愛の現役なんだから」

細いがよく通る声だし、粘りをおびた口調なので、とても目立った。一緒に中華料理の丸テーブルを囲んでいた人たちはいっせいにカチンと固まったが、夫はまるで聞こえなかったような様子で、表情も変えない。

彼はだまって芝エビとグリーンピースの塩炒《いた》めを、きれいな箸《はし》さばきで自分の皿に取り分けた。彼のお皿の上で、豆の緑と、エビの赤が、鮮やかな対比を見せている。そして料理が妻の前に来るようにテーブルをまわして言った。

「このエビ、ちょっと硬いかもな」

真奈美さんも、さっきの発言を忘れたような様子で応じた。

「ほんと？　火を通しすぎたのかな」

料理の皿に伸ばした真奈美さんの手には、大粒の真珠の指輪がはまっている。耳のピアスは、両方で一カラットほどありそうなダイヤモンド、ピンクのシャネルスーツを着ている。

「私は豊かな生活をしています」

そう主張したがっているような服装だ。夫のほうは、地味めのスーツにストライプのネクタイと目立たない。ただ、髪が真っ黒くて濃いのが、精力的な印象を与える。

あとで知人に確かめると、真奈美さんの夫には十年来の愛人がいるのだという。彼の事務所に勤めていた、当時二十代後半の女性だ。結婚して二年目につきあいはじめ、すぐにばれた。

真奈美さんは愛人宅に乗り込み、そこにいた夫を難詰《なんきつ》した。しかし彼には罪悪感がなく、けろりとしている。彼女が事務所を辞めたことで、真奈美さんはいちおう納得したらしい。

しかし夫は「すぐ別れる」「もう別れた」などと言いながら、関係を続けた。彼女の新しい就職先も、夫の紹介だった。

真奈美さんは周期的に「いいかげんに別れてよ！」と詰め寄ったりもしたが、三人の子育てに追われるなどで、あきらめた形でほぼ公認している状態だ。

出かけるときは「接待ゴルフ」といちおう口実を作る。外泊はしない。同窓会、友だちとの親睦会《しんぼくかい》などの理由で年に二、三回の一泊旅行をする。

彼は社交的で友だちづきあいもいいほうなのですべてが嘘《うそ》ではないだろうが、いくつかは愛人との旅行らしい。私は後日、真奈美さんに会う機会を持った。真奈美さんの提案で、横浜にある一軒家を改築したしゃれたフレンチレストランで、三千円のランチを食べた。

どう切り出そうかとためらっていると、彼女のほうからこう言い出した。

「パパの恋愛の話を聞きたいんですって？」

その日の彼女は三宅一生《みやけいっせい》の「プリーツ・プリーズ」の上下だった。保守的でわかりやすい趣味を持つタイプは、夫の恋愛沙汰《ざた》を「恥」と考えて隠しそうなものなのに、真奈美さんはあけっぴろげだ。

「認めているわけじゃありません。根負けしたんです」

離婚は考えないのだろうか。

「子どもがいるのに無理ですよ。夫としてはまあまあ及第点、家族サービスもね」

彼女の望む服装ができる、豊かな暮らしをしている。共通の友人の結婚式に二人で出るぐらいだから、会話も普通にある。お正月は家族で海外旅行に出かけ、結婚記念日と誕生日には豪華なディナーとプレゼントをもらうそうだ。

「ダイヤとかね」

真奈美さんは、先日と同じダイヤのピアスに手をやった。しかし、「サービス」という言葉に違和感をおぼえずにはいられない。家族を愛しているから、ではなく、義務感やごきげんとり、罪ほろぼしのために旅行するというのだろうか。そんな「サービス」を受けて、本当に嬉《うれ》しいのだろうか。

夫は愛人がいるからこそ、真奈美さんが「妻の座にいるのは私」と実感できるような演出をほどこす。ほろ苦い妻の座を、彼女は積極的に受け入れようとしているようだった。

結婚なんて、こんなもの［仮面夫婦型］

雅子《まさこ》さん（49）と博夫《ひろお》さん（51）の夫婦は、お互いへの関心など、まったく持ち合わせないかのようだ。なにしろ、雅子さんは、ごく普通の世間話として、こんな体験を物語るのだ。

「近道しようと思って渋谷のホテル街を通ったら、夫が女の子とホテルから出てきたのと、バッタリ会っちゃった。ああいう時って、気まずいのよねー」

雅子さんは、着物を洋服にリフォームしたという、独特のファッションがトレードマークの個性的美人だ。妻の役割を完璧《かんぺき》に演じているのは、露子さんや真奈美さんと共通する。二人の息子は、父も祖父も卒業した名門私立大学の附属の小学校に、お受験で入学し、その大学に進んだ。現在、長男は大学を卒業して父の仕事を手伝い、次男は別の有名会社に就職している。

独特のファッションは、短大卒業後、洋裁の専門学校で学んだ彼女自身の作品で、知人が経営するブティックで売ってもいる。渋谷にはそのブティックがあり、夫の経営する、小さいけれど安定した会社のオフィスは渋谷区内の広尾にある。

妻とはちあわせする可能性のある渋谷で、博夫さんは堂々と妻を裏切っているのだ。なぜ、それが平気なのか。雅子さんはこう言う。

「私が三十三のときから、夫とはずっとセックスレス。だから、あまり気にならない。セックスする間柄じゃなくて、肉親みたいな感じ。ほかの男性との浮気？　私はしてません。女って、セックスがないならないで、なんとかなっちゃうものなのよね」

確証はないが、彼も十年不倫の当事者のようだ。

「二十歳ぐらいでできちゃった結婚して、すぐ離婚した人と、ずっと続いているらしい。スナックでバイトでもしてたんじゃないかな。家賃ぐらいは出しているのかもしれない。べつに知りたいわけじゃないんですよ。自然と耳に入ってきちゃうのよねー。他の若い女ともつきあうんだから、好きモノよねー」

息子たちも気づいているらしいという。月に四、五回は外泊するというから当然である。

「オレより若い女はやめてくれよと、息子が冗談みたいに言ってました。夫は笑ってました」

普通の妻が夫と過ごすであろう時間を、雅子さんは女友だちとのつきあいに費やしている。作品を置いてもらっているブティックの手伝いや、趣味の茶道と日本舞踊の関係の集まりだ。

子育ての手も離れた今、彼女は、のびのびと自由に、人生を楽しんでいるかのように見える。が、その自由は、夫の行為から目をそらしてきたからこそ、得られたものだ。

もし、ホテルから出てきた夫をなじり、修羅場を迎えたら？

もし、そんな夫とともに生活するのに耐えられなくなったら?

彼女はセックスも会話もなかったという、コミュニケーション不全の十数年間を否定しなくてはならなくなる。夫の行為を平然と物語ることで、雅子さんは女友だちに対して、そしてたぶん自分自身に対して、「そんなことは問題ではない」というポーズをとることができるのだ。

私は雅子さんに「あなたの結婚は失敗でしたか、成功でしたか?」と聞いてみた。するとこんな答えがかえってきた。

「成功も失敗もない。結婚なんてこんなもの、期待しすぎるもんじゃない」

夫にとって、こんなに都合のいい妻はいないだろう。私は彼女の夫にも話を聞きたかったが、強く拒否された。

「夫とはそういうことを話す間柄ではないし、夫に女友だちを紹介したことは一度もないから」

やがて雅子さんと夫は別居するようになった。夫は離婚を求めているが、彼女は「すべて夫の思いどおりに進めるわけにはいかないから」と、応じるつもりがないそうだ。

北海道で公務員をしている和世《かずよ》さん（48）も［仮面夫婦型］だ。別の官公署に勤める夫（48）とはほとんど会話がなく、寝室も別でセックスもない。

「はじめからラブラブ夫婦じゃなかったの。上司の紹介で半分お見合いみたいなもの。ここは地方だし、職業的にも、お互いここらで身を固めておきましょう……みたいな、熱の入らない結婚だったの」

農家だった夫の父が土地を分けてくれて、家を建てたのが約二十年前だ。そのとき夫婦の部屋を別にしたのがセックスレスのきっかけになった。顔を合わせる機会も減り、会話もなくなった。

子どもは男の子と女の子が一人ずついる。二人とも部活動のスポーツに夢中で、夕食時ぐらいしか顔を合わせない。夫が夕食をともにするのは週に二回ほどだから、そのとき、かすかに会話らしいものをかわすだけだ。

「寂しいといえば寂しいのかもしれないけれど、セックスはそんなに好きじゃないし、なくても平気です。夫に手間がかからないから、子どもとたっぷり過ごすことができたし、趣味の旅行もあちこち行けてる。旅行を通じて、いろんなお友だちができました」

彼女の口からラブラブ夫婦という表現があっさり出るのは、若い世代とのつきあいがあるからかもしれない。紺色のスーツにショートヘア、地方できちんとした職業につき、堅実な暮らしをしているというイメージにぴったりだ。

　夫の行動にはあまり関心がないという。

「職業がら、まずいことをしたらクビですから、それは心配だけど。でもまあ、彼も気が小さいところがあるし、普通に勤め続けていくんじゃないですか。私は私の人生を楽しみます。子どもには父親が必要、私も家庭が必要。それ以上は求めていませんｊ」

　では彼は、和世さん以外の女性と交渉があるのだろうか？

「ある、と考えたほうが普通でしょうね。夫はセックスとか、普通に好きでしたから。部屋を分けたあとも、私の部屋に来ていたりしました。でも私が見るからに乗り気ではない（笑）。だんだん回数が減っていったんです」

　具体的に思い当たる相手もいるそうだ。夫は、十年ほど前に突然俳句を習い始めると言って結社に入会したという。休日は一週おきに「句会がある」「吟行会がある」と出かけていく。

「そんな趣味はまったくなかったんです。俳句やる人って、季語の本とか持ってるものだと思いますが、そんな様子もない。俳句なんか作っていないと思うんです」

年に三回、俳句仲間との恒例旅行と称して出かけていく。春は山梨《やまなし》に桃の花を見に行き、夏は新潟《にいがた》の花火大会。十二月になると温泉での忘年会だという。

しかし写真を見せてもらったり、どんな様子だったかを聞いたことはない。行き先を知ったのも、七〜八年も続いているうちに、なんとなくわかってきただけだ。

十年不倫だという確証はないが、長く続いているのは確からしい。

「べつにさぐりを入れたりしないし、関心もない。知ってもどうしようもない。敏感な奥さんなら、ん？　と思うことがたくさんあるんでしょうね。知らぬが仏って、いい言葉だと思います（笑）。仏になってるんです、私（笑）。そのほうが楽ですから」

この文章の中で、私はたびたび「（笑）」という表現を用いた。彼女が浮かべる笑顔らしきものは、そんな形で強調せずにはいられないような、独特の表情だった。

カギとカギ穴

この章で紹介したケースをふりかえってみると、シングル女性が、既婚男性との恋愛に少しずつ慣れていくのと同じように、妻たちの多くも、それぞれのやり方で夫の不倫を受け入れていくのだなあと実感する。

それは夫に不倫を続けやすい環境を提供することでもあり、苦い選択だと言える。

また、気になるのは子どもたちだ。父親の関心が外に向き、母親が苦悩している家庭では、何が起きているのだろう。

アルコール依存症の治療に長年たずさわり、現在は嗜癖《しへき》関連と家族関係問題をメインにしたカウンセリンググルームを主宰する、カウンセラーに話を聞くことにした。

都内の下町にあるカウンセリンググルームは、本来はオフィス向けではない大型マンションの一室にあり、知人の家を訪問するような、気楽な雰囲気がある。都心からやや離れた位置にあるのは、相談者にとって、空間の移動が安らぎをもたらすことがあるからだそうだ。

家族関係の相談で、不倫そのものを主訴にした相談ではなくても、家族の問題をときほぐしていくうちに、「じつは親が不倫している」のが見えてくるケースが多いことを実感しているという。

意外なことに、妻を裏切って不倫する男性は「奥さんに従おうとするのが基調」だという。

「妻に従おうと我慢し、緊張している人が多い。ではなぜ従うのか？　それは『見捨てられ不安』が根底にあることが多いと思います。いい夫、いい男、いい父ができなくなったときの不安もかかえている。それを続けようと我慢や緊張や不安で消耗し、

『きつい自分』を棚上げして不倫するのです」

見捨てられ不安の強い夫は、妻と向き合い、親密になるのをおそれる。

「親密とは、自分をひらき、わかちあうことですが、自己評価が低い人は、それがこわい。奥さんと向き合うのを避けるために、仕事、酒に逃げるように、不倫に逃げる。不倫関係にケアを求めるのです」

不倫に逃げる男性は、妻以外の女性に接近するときも、自分の気持ちを抑えて相手に従おうとするパターンを踏襲する。

「背伸び、がんばり、過剰な気遣い、サービスをする。いっぱいケアしてあげながら、時には相手にもたれかかったり支配的になることもあるでしょう。それは裏返しのパターンです。では、そうした男性に心を奪われるシングル女性とは？　満たされず、自信がなく、寂しいが、『本当に親密になると捨てられてしまうのでは』と、同様の不安をもつ女性です」

そうした女性は、逃げ場を求めている男性を「彼は私を必要としている」とかぎとる。そして「助けてあげたい」と思う女性は、「自分も助けてほしい」女性である。

「カギとカギ穴のように、お互いが求めているから、どこかで出会ってしまう。不倫とは、似た者同士が、結婚のように向き合わなくていい関係を求めて結びついた、必然的な関係と言えるでしょう」

どこかズレている女性が、十年不倫によってズレを拡大していくプロセスを第二章で追った。不倫の似合う女と、不倫上手の男のマッチングは、やはり〝必然的な関係〟なのか。同カウンセラーは長期化する不倫をこう図式化する。

「満たされず、自信がない女性は、日々、自分に向かい合うつらさや、本当の自分を相手に知られていき、見捨てられるかもしれないという不安や恐れを忘れるために、不倫にのめりこみます。見捨てられ不安が強い男性は、『自分が相手を見捨てる』ことに強い罪悪感をおぼえるために、妻も愛人も切りきれず、長期化します。そして、夫婦関係はさらに恐れと緊張に満ちたものになります。不倫していても、していなくてもつらいという状態になってしまいます」

こうした家庭に育った子どもたちは、どんな影響を受けるのか。

「父親の不倫は、子どもにとって『喪失体験』です。不倫と気づかなくても、親の関心が外に向いていることは感じ取れるでしょう。面倒を見てくれるはずの親が、どこかに行ってしまうかもしれないという不安をかかえます。さらに大きいのは、裏切られ、傷ついている母の姿です」

子どもにとって、母親は「厳しく、怖い存在で従わなければならない」一方で「無条件に甘えさせてくれる」という二面性をもつ存在だ。

「両者のバランスがとれていれば、あるときは従い、あるときは甘えることができますが、母が傷つき、孤独や不安をかかえていると、子どもは母を支えるために『自分を抑えて母の期待にこたえよう、従おう』とします。ここに人への恐れと緊張が生じてきます」

アルコール依存症の親をもつ子どもが、親との関係をうまく築けず「アダルト・チルドレン」になるのと同じ現象が、不倫のある家庭でも起きる可能性があるという。

そういう男の子が成長して「夫」になると、妻とむきあうことができず、苦しくなってくる。女の子が成長して「妻」になると、夫への見捨てられ不安から、過干渉になり、夫が苦しくなってくる。つまり、不倫に逃げずにいられない家庭が再生産されるのだ。

「印象ですが、不倫している親の子は不倫し、離婚している親の子は離婚するという傾向が明らかに存在します」

否認の病

依存症をテーマにした本を書くために、精神科医やカウンセラーの監修を受けながら、買い物、ネット、お酒、ギャンブル、暴力、子どもの教育など、さまざまな対象にのめりこむ女性や男性のケースを数多く取材してきた。不倫にのめりこむシングル女性や既婚男性を「恋愛依存症」や「不倫依存症」として、紹介したこともたびたびある。

ある対象にのめりこみ、コントロールを失っていくメカニズムは、買い物依存症もアルコール依存症も変わらない。「きつい自分」を棚上げするための、過度の飲酒や買い物が、より状況を悪化させ、さらに自分をきつくする。だからまた、棚上げしようとあがき、さらに自分を追い詰めるという悪循環なのだ。

依存症は「否認の病」と言われる。自分が「きつい状態」にあるのを認めたくないからだ。事実を直視するのを避けるために「ちょっと飲みすぎただけ」など、自分にも、他人にも言い訳をする。

もう一つ、見逃せないキーワードが「認知のゆがみ」である。競馬にのめりこんで、数百万円の借金を背負っている四十代の男性は、まじめな表情で言った。

「借金のない、健康な暮らしに戻りたい。妻とのいさかいにも疲れ果てました。これからは心を入れ替えて、バシッとやりますよ。遊びはやめて、カネを稼げる馬券の買い方をすることにします」

かつて私が抱いた「自分はこんなに苦しんでいるのに、妻は平穏でいるのが許せない」という感情も、「認知のゆがみ」から生じている。アルコール依存、薬物依存、リストカット、買い物依存、摂食障害などを主訴として依存症の治療機関に現われた女性の背後に、本人や夫の不倫問題がひそんでいることも珍しくないという。夫は「妻とうまくやっている」と思い込んでいても、妻は探偵会社や精神科クリニック、あるいは私のような取材者に対して、内面の葛藤をぶちまけているのかもしれないのである。

第四章　十年不倫が終わるとき

最後の京都旅行

京都市内を流れる鴨川《かもがわ》ぞいの高層ホテルに泊まるときは、どちら側の部屋にするかを迷う。山側なら比叡山《ひえいざん》や東山の緑が楽しめるし、シティ側なら古都の街並みを一望できる。

司法書士事務所に勤める恭子さん（38）は、半年前の旅行でその高層ホテルに泊まったという。ファミレスのテーブルをはさんで向かい合っている私が、「どちら側の部屋でした？」と聞くと、恭子さんはコーヒーカップを持ったまま絶句した。そしてこう答えた。

「そういえば川が見えたかもしれない。鴨川だったのかな」

そのホテルで、恭子さんは十年不倫の相手、二つ下の秀樹《ひでき》さんとの別れを考え始めたのだ。景色など目に入らなかったのは当然かもしれない。

彼女は東京生まれで、都内の私立大学の法学部を卒業後、今の職場に就職した。司法書士の資格を取得して独立するつもりだったが、経営者の秘書役をつとめる仕事が性にあい、所属する複数の司法書士や税理士のスケジュール管理などをこなすようになった。

秀樹さんは司法試験をめざしていたが挫《ざ》折《せつ》し、しかし「やはり法律の仕事をしたい」と司法書士に志望を転向して、恭子さんのいる事務所でアルバイトを始めた。大学を卒業してすぐ結婚し、子どももいる。

「つきあったというか……身体《からだ》の関係ができてしまったんです。飲み会の帰りに、たまたま、みたいな」

恭子さんは笑う。結婚願望もあったから「つきあい」というほど真剣な関係になるつもりはなかったという。

しかしその後、彼は司法書士試験にも三度落ちた。心の安定を失いがちになった彼にとって、恭子さんの存在は大きかった。

「彼は毎晩電話してきました。毎晩ですよ」

ケータイはまだ普及していなかった。彼は夕食後に仮眠をとり、十一時すぎに起きて勉強する。眠気ざましの散歩と称して家を出て、公衆電話に向かう。恭子さんは両親と住んでいたが、専用の電話を自室にひいていた。

「コードレスホンを持ってベッドに入るんです。今日はどうしてたとか十分ぐらいしゃべって、電話が終わると、そのまんま寝るの。ちょっといい感じでしょう?」

毎日の電話とは、秀樹さんはずいぶんとまめな性格のようだ。私が言うと、恭子さんはまた笑った。

「私が強制してたからですよ。電話を忘れたら奥さんに言いつけるって」

結局、彼は司法書士をあきらめて食品メーカーの営業マンになった。営業の仕事で安定を得た秀樹さんは、半年おきぐらいに「そろそろ、どうかな」という言い方で、別れを持ち出すようになった。

「別れてもいいけど、私だけがワリをくうのはおかしいから、奥さんと三人で話し合いがしたいって言いました」

彼からの電話が途切れたとき、彼の会社に電話したこともある。彼が外まわりしている時間帯を選んでかけ、こんな伝言を残した。

「キョウコから電話があったとだけ、お伝えください。そう言っていただければわかりますから」

会社員にとっては、なかなか効く「おどし」ではないだろうか。彼があわてて電話してくると、恭子さんは「とにかく会って話しましょう」と答える。そして彼も弱すぎると私は思うのだが、彼女の涙に負けてホテルに行ってしまい、別れ話はなしくずしになってしまうのだ。

それにしても、彼女が秀樹さんにそこまで執着した理由は何か。

秀樹さんの勤務先は中小企業だ。中途入社なので昇進も遅い。妻がパートを続けて生活を維持している状態だ。外見は、恭子さんによれば「背が高くてカッコいい」そうだが、派手なデートやプレゼントはのぞめない。

「喧嘩《けんか》しなかったからですね。喧嘩するほどしょっちゅうは会えなかったからでもありますが、私は喧嘩すると、腹を立てた勢いでそのまま別れてしまうことが多いんですね。喧嘩してたら、勢いで別れていたと思う」

電話やメールが毎日あるにしても、彼女はやはり「待つ」側だ。年齢へのあせりや後悔もあっただろう。妻と自分とが対等であるという認知のゆがみもあり恭子さんの「ワリをくっている」という感情は高まったのだ。

結婚をあきらめていたわけではなく、シングル男性とのつきあいを同時進行させたこともあるが、喧嘩別れしてしまった。新しい相手が見つからなかったことも、秀樹さんへの傾斜を深めたにちがいない。

そして勝手な想像だが、彼にとって恭子さんの「いやだ、別れたくない」は、一種の免罪符だったのではないだろうか。

彼は別れたほうがいいと考えており、今後も彼女と結婚する意志はないことも明言している。それでも続けたいと言うのだから、責任は恭子さんにあるというような、身勝手な理屈をつけられないでもない。

別れたいと言い出しながら、ずるずると復活し、言うなりに電話とメールを続ける彼の行動には、「優しさ」に見せかけた気弱さやずるさを感じてしまう。

最後の京都旅行もまた、彼女の「おどし」の産物だった。どうやら秀樹さんは、恭子さんとの関係を断ち切るために、自ら異動願いを出していたらしい。大阪支社に配属され、家族とともに転居することになったのだ。

恭子さんは、二人の関係に大きな影響はない、今までのように電話やメールでつながっていればよいと考えた。しかし彼は恭子さんに向かってこう言い出した。

「遠距離というのもなんだし、そろそろ、どうかな」

例によって「いやだ」と即答したものの、転居にともなう忙しさで、電話やメールの回数が減るという彼の言葉は納得して受け入れた。そして彼がまず単身で大阪に行くと聞くと、こう切り出した。

「奥さんが来る前に、大阪のおうちに行ってみたい。ダメなら一緒に旅行したい」

今回もまた彼は折れ、二人で京都旅行をすることになった。月曜に休みをとり、土日と合わせての二泊三日である。

土曜のランチに京都でおちあい、冒頭にあげたホテルにチェックインした。嵐山《あらしやま》周辺の観光名所をめぐり、夜は有名な京料理店へ向かった。ガイドブックどおりに設定したような、お手軽なコースだ。

転勤したての月曜に、有給休暇をとるのは勇気がいるだろう。彼は「事前にはとても言い出せないから」と、当日の朝、体調が悪いと会社に断わりの電話を入れた。恭子さんが帰ったあとで、会社に顔を出すという。

帰りの新幹線に、恭子さんは八ツ橋、京都の地酒、扇子、柿《かき》の葉寿司《ずし》など、たくさんのおみやげを持って乗った。すべて彼に買ってもらったものだ。

長いつきあいの二人とはいえ、二泊三日は長い。しかも彼女は、秀樹さんとの「これから」を考え続けていた。車内で一人になると、ホッとしてくつろぎを感じたという。

「いろいろな意味でごちそうさま、満腹になりましたという感じでした。お金もみんな出してくれたし、誠意は見せてもらったかなと」

恭子さんの「ワリをくっている」という感情は、いくらか癒《いや》されたのだ。ふっと力が抜けた彼女は、事情を知っている女友だち数人に、メールを送ることにした。

「別れるというのもアリかなと思ってるんだけど……みたいな、素直なメールです」

友だちからの反応はすばやかった。どの返事も「別れる気になってよかった」「賛成、次にいこう」など、彼女の決意を祝福するような内容だった。

「そうだったんだー、みんな別れたほうがいいと思ってたんだって、目からウロコです。そうなのかなあって、私も思うようになって……」

ワリをくっているという気持ちが癒されたばかりの彼女に、そのメッセージは効いた。

「やっぱりよかったのかなと思います。たまに彼にメールしちゃうけど。なかなかレス来ないけど、あんまり傷つかなくなりました」

恭子さんの十年不倫は、フェードアウトという結末を迎えたのだった。

遠慮と強がり

経営コンサルティング会社に勤める泉さん（48）が、四ヶ月前、四つ上の啓介《けいすけ》さんとの十年不倫をやめる決意を固めたのも、二人での旅行先でだった。

「本当は仲直りの旅行だったんですけどね」

泉さんは苦笑する。喧嘩していたわけではない。自分の心の中で、啓介さんの存在が揺らぐのを感じた泉さんが、彼への愛情を確かめ、新鮮さをとりもどすために旅行を思いついたのだ。

啓介さんは、泉さんがかつて勤めていた繊維メーカーの、取引先の担当者である。結婚前から、仕事上のつきあいがあった。結婚したときにそれを報告し、離婚すると「また旧姓に戻りました」と告げたのが、プライベートな話をするきっかけになったという。今は彼女が転職したので、顔を合わせることはない。

「主人は、別れた夫のことですけど、私に仕事を辞めろと言っていたんです。子どもができるまではと言って辞めなかったの。結局は離婚してしまったのだから、辞めなくてよかったです」

啓介さんと関係ができた当初は、週に一度は会っていた。しかし回数が次第に減り、月に二回ほどになった。三ヶ月ほど、一度も会わない時期もあった。

「続いたのはメールがあるからですね」

新しいモノ好きの啓介さんはいちはやくパソコン通信を始めた。自然消滅しても不思議ではなかった関係が、メールの利便性のおかげで深くなり、続いたのだ。

「不倫なんて、じめっとした関係は好きじゃないんです、本当は。ただ結婚はもういいかなという気持ちが強いし、男っ気ナシというのも寂しいですしね」

年齢を重ねるにしたがって、年月のたつのは早く感じられる。ふと気づいたら六年、七年とたっていき、すると「こんなに続いてきたんだから」と、着慣れたシャツのようないとおしさがわいていたという。

大柄な泉さんは仕事の帰りだったのでベージュのかっちりしたスーツだが、フードつきのカジュアルなコートに茶目っ気がある。細やかな心づかいをするが、ざっくばらんな態度なので人に負担を感じさせない。

「でもね、周期的に、別れなくちゃなあと思うことがあったんですよ。恋愛って、波がありますよね。好きな気持ちが盛り上がったり、ふっとさめたり。波が落ちると、別れなくちゃと思うんですが、そのうちまた、盛り上がる時期が来て、男っ気がないよりマシじゃないのと思う。そんなことをくり返してたら、十年たってしまったんです」

泉さんと私は、知人の開いたお花見の会で知り合った。バツイチ同士で親近感をおぼえ、話がはずんだ。あらためて会うことになり、私の住まいの近くまで来てくれるという。

「うちからも会社からも遠いほうが、ふっきれて気楽だから」

自分の気持ちを整理する機会にしようと、私に会う数日前から過去をふりかえってみていたという。つらい思いをさせたのではと気になったが、おおらかな人柄を象徴するような丸顔をニコニコさせて、落ち着いた様子だ。

彼女と行ったホテルのカフェは、ケーキをたのむと大皿にすべての種類を載せてきて、好きなものを選ばせてくれる。

たいていの女性は「わーっ」と声を挙げて熱心に選ぶが、泉さんはチラッと見て、すぐモンブランに決めた。どう話せば私に伝わるかということで頭がいっぱいのようだった。あれこれと迷いかけていた私も、あわててイチゴのミルフィーユに決め、話を聞く態勢をとった。

彼女と啓介さんの伊豆《いず》旅行の伏線となったのは、半年前、泉さんの親知らずの周囲が炎症を起こしたことだったという。

痛みはじめたのは金曜の夜だ。日曜には耐え切れなくなり、休日当番医の治療を受け、月曜と火曜は会社を休んだ。

月曜の晩は啓介さんと会い、有名なソムリエが経営するフレンチレストランに行くはずだった。泉さんが断わりのメールを入れると、彼から電話がかかってきた。

「病院へは行ったの？　食事は？　仕事は大丈夫？」

心配してくれるものの、泉さんは不満だった。月曜は空けてあるはずだ。それに泉さんの住まいは杉並区にある。啓介さんの会社は、電車で一本の新宿だし、住まいだって隣接する練馬区内の団地なのだ。お見舞いに来てくれてもいいじゃないか。

お粥《かゆ》とレトルトスープでしのいできたが、食べ尽くしてしまって、買い物に行くのはつらい。

「ヨーグルトを食べたくてたまらなかった。野菜やお豆腐も欲しい。そういうものを買ってきてほしいと思いました」

しかし彼は「お見舞いに行こうか？」とは口にせずに電話を切った。彼女が素直に「来て」と言えなかったのはなぜだろう。

「遠慮と……遠慮と、強がりかな。頼っている自分を見せたくなかった」

甘えベタという彼女の性格もあるだろうし、弱さをさらけだす関係ではなかったということでもあろう。彼に本心を告げないまま、泉さんの気持ちはどすんと落ち込んだ。

「彼は私が元気でニコニコしてるなら会いたいけど、病気で苦しんでる私はいらないんだな、そんな風に考えてしまったんです」

じきに腫《は》れはひき、水曜に出社した。彼から「治ったなら例のレストランに行こう」とメールが来た。炎症にアルコールは悪いと思い、再発をおそれた泉さんは「もうちょっと待って」と返事を出した。

そして会う機会がないまま二週間がすぎた。その間に泉さんは、啓介さんへの気持ちが急速に冷えていくのを感じていた。

「困ったなあ、というのが正直な気持ちですね」

四十代後半という自分の年齢をあらためて思った。その背景にはセックスの問題がある。今さら、次の男性が見つかるとは考えられなかったという。

「アレを……つまりはセックスですが、ふだんは三ヶ月に一度ほどぐらいです。行為も淡々としたもんですが、翌朝に鏡を見ると、自分の顔がイキイキしていることがわかるんですよね、目もキラキラ輝いて。ああ、やっぱり人肌はいいものだなと思います。一回あるとしばらく何度も続きます。それからふと途絶えて、三ヶ月くらいたって復活すると、よさを再確認する。それでまた続いて、しばらくすると遠のいて……、そんな感じでした」

しょっちゅうセックスしていたいとは思わないが、まったくゼロというのも寂しい。

自分がしたいと思えば、すぐできる相手は必要だと感じていた。

泉さんの住まいのすぐ近くに、安くておいしい焼き鳥屋さんがある。その店に誘うのが、彼へのサインとなる。彼のほうから「今日は焼き鳥でどうかな？」と言い出すこともあったが、三対七の比率で、泉さんのほうから言い出すことが多かったそうだ。通常の恋人関係だったら寂しいと感じそうだが、制約の多い不倫だからこそ、あっさりとクリアできたのかもしれない。

「彼と別れて、そういうことがゼロになったら、女が終わりになって、干からびちゃうような気がしてこわかった。だから、彼を好きでいたいと思ったんです」

別れの儀式

泉さんは、自分の気持ちが元どおりになることを願った。これまでも、何度か冷めかけて、結局はまた続いてきた。今度も大丈夫だろうと思いたかった。

そこで思いついたのが温泉旅行だった。数年前に、女友だちと泊まった伊豆の旅館が脳裏にあった。海にはりだした露天風呂《ぶろ》があり、新鮮な魚がたくさん出た。料金も二万円以内でおさまる。彼の出張先で合流したことは三回ほどあるが、一緒に旅行したことはない。

親知らずの事件で延期になっていたフレンチレストランでのディナーがやっと実現すると、泉さんはその提案を持ち出した。しかし啓介さんは「温泉ねえ」と反応がにぶい。

泉さんは、旅館のパンフレットを見せた。海にはりだした露天風呂の写真を見て、彼の気持ちは動いたようだ。オプションで好物のあわびのステーキも食べられると知ると「へーっ」と、明るい声を出した。

その様子を見ながら、泉さんの気持ちは逆に下降した。

「ああ、そうなんだなと。私は一緒に旅行するのが目的だけど、彼はそうじゃない。楽しい思いができるんなら行くし、そうでないなら行かないんだなと、冷静になってしまいました。無理して行くことはないと思いました」

しかし彼の気持ちは、旅行に向けて高まっていった。会話が盛り上がり、計画が具体化していく。いつもは二人でワイン一本が適量だが、その日は足りず、グラスワインを一杯ずつ追加したほどだ。

泉さんが違和感をぬぐいさることができさえすれば、もっと楽しく、もっと盛り上がれるはずだった。

「目をつぶることにしたんですよ。旅行で盛り上がれば大丈夫だ、好きな気持ちでいられると考えたんです」

旅行は楽しかった。東京駅から特急「踊り子号」に乗り、知り合いがいないかどうか、車内を確かめたときも、コソコソしているというみじめさよりも、スリルを感じることができた。

二人はあわびステーキや露天風呂を満喫しながら、こんな会話をかわした。

「今日は何?」

「三中会」

翻訳すると、泉さんが彼に家を出るためにどんな口実を使ったのかをたずね、啓介さんは母校である市立第三中学の、同級会の名前をあげたという意味だ。

ほんの一言で会話が成立することに、泉さんは「長いんだなあ」とあらためて思ったという。

しかし傾きかけているてんびんを、微妙なバランスで戻そうとしている泉さんに、啓介さんは気づかない。

帰りの電車も、泉さんにとってはわだかまりの種だった。せっかくだから海を見たい、新鮮なお寿司《すし》も食べたいと思っていたが、啓介さんは十一時台の踊り子号を予約してあった。チェックアウトしたその足で、駅に向かうことになる。

「旅行に出てから、タイミングを見て『もう少し長く一緒にいたい』と言い出すつもりでした。旅館は駅に近いから、直前でも変更ができるしと思って……」

しかし夕食のあとで「もっと遅い電車にしない？」と切り出すと、啓介さんはしぶった。

そして翌朝、予定どおり駅に向かう途中で、彼は「買い物していこう」と言い出した。港近くの国道ぞいに、名物の干物を売る店がずらりと並んでおり、「干物銀座」と呼ばれている。店先で試食することもできる。

啓介さんはアジの干物を十枚買った。

「家へのおみやげなんですよね。私に悪いと思うのか、急いでパッと買った。試食もしないで。……いいじゃないですかねえ、試食すれば。それで私にも買ってくれれば円満なのに。冷たいっていうわけじゃないんです。気がつかない人なんです。親知らずからの流れで、私のほうはキリキリしてたけど、向こうはそうじゃない。その流れがなかったのなら、気軽に『何よ、買ってよ』と言えたかもしれない」

言えば買ってくれただろう。しかし泉さんには、彼にその意志がないことがこたえた。お願いして買ってもらうぐらいなら、いらないのだ。

魚の包みは彼の小さな旅行カバンには入らない。泉さんは保冷剤入りのビニール袋をガサガサさせる啓介さんと並んで歩いた。

だまりこくっている泉さんに、彼は気まずさをおぼえたらしい。しかしそんなとき、場を明るくするために口を開くタイプではない。彼は困ったような顔をして自分もだまってしまう。先に沈黙に耐えられなくなったのは泉さんのほうだった。

「ひどいよね」

ドスのきいた低い声が出たことに、自分でも驚いたという。

「ごめん」

「私も干物を食べたい。戻って買って来ようかな」

「じゃあ荷物持ってるよ」

「いい」

干物屋に向かいながら、彼は買ってくれるどころか、一緒に店に行くつもりもないことをあらためて実感したという。漁港をぶらぶら歩いているうちに、電車の時刻がせまってきた。啓介さんから「まだ?」とケータイに電話がかかってきた。

「戻ったら喧嘩《けんか》になると思いました。喧嘩じゃないな。私がキレて、向こうがなだめるというか……とにかく、やりきれない状態になるでしょう」

泉さんは「先に帰って。私は残る」と返事をして電話を切った。すぐまたかかってきたが出なかった。発車時刻が過ぎてから駅に行くと、彼はもういなかった。

「頭がカーッとして、ああそうか、私は待っていてほしかったんだなあと気がつきました。チャンスだなと思いました。今なら別れる勢いがある、と」

今にして思えば、親知らずの前にも伏線があったという。啓介さんが五十代を迎えたことだ。彼は改めてショックを受け、定年後の生活設計を考え始めていた。泉さんも「私たちはどうなるんだろう？」と考えた。

表面上は、彼の定年などまったく関係がないのに、影響を受けることになるだろう。不安定な自分の立場をあらためて実感したのだ。

「やりなおしの旅行だと思っていましたが、別れるタイミングを待っていたのかもしれませんね、無意識に」

熱海《あたみ》に出て一人でお寿司を食べながら、彼からのメールをすべて消去した。それが泉さんにとっての別れの儀式になった。

家に帰ると、留守番電話に彼からのメッセージが入っていた。内容は聞かずに消去した。メールが来たかもしれないが、彼のアドレスはパソコンもケータイも「着信拒否」にしたからわからないそうだ。

旅行を別れのきっかけにした恭子さんと泉さんに共通するのは、ふっきれたような語り口だ。別れから恭子さんは半年、泉さんは四ヶ月しかたっていないのに、心の中で、もう整理がついている様子である。

離婚を経験している泉さんは、こう比較する。

「離婚とちがって、不倫は別れるのは簡単ですよね。むなしいといえばそうだけど、でも救いですよ。離婚するとき、すごく消耗しましたから。離婚届を出すだけでなく、免許や銀行の通帳の名前を旧姓に戻すでしょ、会社や、親にも報告するでしょ。今回は、そういうのがないから楽だった」

不倫が終わってホッとしているところもあるという。

「不倫はやはり不倫だし、無理しているところもあった。離婚したときは、ホッとする……という気持ちになるまで、長くかかった。それだけひきずるものが多かった。今回は、別れてすぐに、スパンと割り切れました。十二年か、もっとかな、長い関係だったわりにはひきずらなかった。離婚、それから不倫でしょ。波乱を経験して私も強くなったんでしょうね」

恭子さんにも泉さんにも、十年不倫でつちかった自立心や強さがある。それが別れの決断に活《い》かされたのだろう。

旅先での彼の言動や自分の気持ちを、具体的に冷静にふりかえる二人の様子に、彼女たちにとって別離は「一歩前進」だったんだなあと感じる。

泉さんは五十歳を迎えたしばらく後に、同年齢のバツイチ男性と再婚した。啓介さんとつきあっているときから手を染め始めていたネットワークビジネスの自己啓発セミナーで知り合った相手だ。

一方、恭子さんはシングルのままだが「ボーイフレンドは数人います。そのうちの何人かは既婚者……という感じですね」と、サバサバした表情で語った。

それにひきかえ、男性たちはどうだろう。

未練たっぷりの様子でありながら、深くは追ってこない。彼らにとっては「あとくされのない、都合のよい別れの機会」でもある。打算と心残りのせめぎあいがあるのだろう。前進ではなく「退歩」にも感じられる。次のケースもそうだ。

青天のへきれき

私の数年前からの知人である哲夫《てつお》さん（48）が、十年不倫の相手、同業で一つ下の奈緒子《なおこ》さんにふられたという。

「突然だった。青天のへきれきって、本当にあるんだよな」

別れてから二ヶ月がたつ今、哲夫さんはまだ衝撃からさめない様子で、しみじみと語る。

彼はフリーランスで出版関係の仕事をしている。自宅は東京のはずれのあきる野市にあり、御茶ノ水の小さなワンルームマンションを仕事場に借りている。二人の子どもと、公務員の妻がいる。

週に二回か三回、仕事や酒席を理由に仕事場に泊まる。そのとき奈緒子さんがやってくる。

その一方で、彼はPTA活動に参加し、身体《からだ》の弱い妻の母のめんどうもみている。そのあたりで夫婦のバランスをとっているということらしい。

「結婚前からそんな生活だったから。かみさんもわかってる。そんなもんだとふつうに思ってるよ」

哲夫さんは小柄で、陽気で軽い女性好き、というイメージだ。外向的で陰にこもらない。十年不倫の当事者だと聞けば、「ああ、彼ならありそうだ」と多くの人が思うだろう。

プライベートをぺらぺら語るほうではないが、じつは十年不倫をしていて、別れたところらしいという噂《うわさ》を聞いた私が「本当なんですか?」とたずねると、あっさりうなずいた。

彼が私と同じ静岡県出身だと聞いて「なるほど」と思った。奈緒子さんとの別れを「いやぁショックでさ」と、弱さを認めるストレートさに、よく言えば「打算的ではない」だが、「お人好《ひとよ》し」でもある県民性を感じたのだ。

御茶ノ水駅近くの、チェーン展開している気軽なお寿司《すし》屋さんのカウンターで、じっくり話を聞くことになった。

彼の不倫に急展開が起きたその日の夜九時すぎ、哲夫さんのケータイに奈緒子さんから電話がかかってきた。

「今、ちょっといい？」

「いいよ」

「あのね、もう行かないから。じゃあね」

「え？」

「メアドとか変えるし、じゃあね」

電話はそのまま切れた。折り返し電話をしたが電源を切っている。メールのアドレスも変えられており、届かなかった。彼女の自宅の電話の留守番電話に「とにかく会おうよ」とメッセージを残したが、返答はない。

「駆け引きとかする子じゃない。本当に別れたいんだと思う。無理がある関係なわけだし、深追いしてはいけないのかな、と」

私が強い印象を受けたのは彼の口から出た「青天のへきれき」という言葉だった。というのも、妻に離婚を言い出された男性に取材したとき、二人が続けてその表現を使ったのを聞いたからだ。

その一人、三十七歳の印刷会社に勤める技術者はこう言った。

「奥さんがいきなり出ていく話があるとは聞いてましたけど、まさか自分がとは。青天のへきれきでした」

四十一歳のコンピューター・ソフトメーカー営業マンはこうだった。

「妻が離婚を考えているという前兆ですか？　何もなかったです。青天のへきれきでした」

哲夫さんをふくめ、この三人が「青天のへきれき」と口をそろえることが、私は不思議だった。それぞれのパートナーとの関係を聞いていくと、彼らが「青天だった」と思いこんでいたのがむしろ不思議でさえある。

結局は離婚に至った三十七歳は、性風俗店で性感染症にかかり、妻にうつしたことがある。本人は「ちゃんとあやまったし、もう三年も前のことなのに」と、すんだ話だと言いたげだ。

しかし、性風俗店には今もときどき行っているし、妻とはほとんどセックスレスだという。妻は「青天」だなどと考えていなかったのではないだろうか。

四十一歳のほうは、説得と懇願で妻を思いとどまらせることができた。それまで週に三日は、接待や友人との飲み会で深夜の帰宅だったという。睡眠不足をおぎなうために、土日は大半をベッドの中で過ごしていた。

「子どももいるし、離婚は困る。真剣でしたよ。生活も改めた。スーパーにつきあったり、月に一度ぐらいは家族で外食するし、努力してますよ。晩も、午前様は週に一度に抑えてる」

やはり「ちょっと待って、どこが青天だったの？」と、聞きたい気がしないだろうか。

この自覚のなさは、哲夫さんにも共通する。

「長いつきあいだし、うまくいってたんだけど。あの子んちは千葉で遠いから、飲み会で遅くなりそうだというと、カギを渡して泊まっていいよって言ったりね。こっちは結婚してるし申し訳ないなと思うこともあったけれど、彼女は、『べつに結婚したくはない、一人暮らしが好きだ』と言ってた。一緒に旅行もした。サイパンとかね」

四十代後半の奈緒子さんを「あの子」と呼ぶあたりに、つきあいの長さと、まだいとおしさを感じている様子がうかがえる。

しかし彼女の立場になればどうか。共通の知人に公認されたところで、一般には「恋人のいない孤独な女」と見られてしまう。彼の仕事場の仮眠ベッドでのひとときに、さびしさ、みじめさを感じることはなかったか。

本当に結婚願望がなく、一人暮らしが好きだとしても、哲夫さんとの未来のない恋愛は「青天」ではないだろう。

電話で別れを告げたのは、会って決意が揺らぐのをおそれたからかもしれない。次のパートナーを見つけることを考えたら、決断をするのにふさわしい年齢でもある。

私は哲夫さんに聞いてみた。

「青天のへきれきと言うけれど、彼女は曇りか雨だと感じていたんじゃないですか?」

「そうなのかなあ。やっぱり不倫だもんなあ」

寿司店が込んで来て、順番待ちのお客が現れると、哲夫さんは「長居しちゃ悪いかな」とつぶやいた。一組が出て行き空席ができると、安心したように「じゃあもう一杯たのもうか」とメニューに手を伸ばした。

彼は「いい人」だ。敵を作るタイプではないし、悪く言う人もいない。だけど、奈緒子さんとの関係では妻を裏切っている。奈緒子さんの言葉を額面どおりに受け取り、別れを切り出す決意を固めるまで、彼女が葛藤《かっとう》を抱えていたことには無とんちゃくだった。

それは、彼個人の倫理観が薄いからだろうか。それとも「男は浮気するもの」と許容する価値観が背景にあるからなのか。

ともあれ、彼が奈緒子さんとの別れに衝撃を受け、「ふられた」と意識しているのは事実である。哲夫さんが今も落ち込んでいるのが、奈緒子さんに対して誠意を持っていたというあかしなのかもしれない。

新しい恋人

マラソン仲間から「パリマラソンに出よう」と誘われたとき、即座に断ったのには理由があった。新婚旅行の行き先がパリだったのだ。マラソンのスタート地点である凱旋《がいせん》門も、コース沿いを流れるセーヌ川、エッフェル塔、ブローニュの森など、どの名所も近づくのがためらわれる。私がそう答えると、四十代の女性であり、結婚生活の解消に向けて夫と協議中の彼女はカラカラと笑って言った。

「だから行くんだよ！　私と一緒にパリの新しい思い出を作ろうよ！　ちなみに私の新婚旅行もパリだった」

　帰国する前日、筋肉痛がかすかに残る足をかばいながら、シャンゼリゼ通りを散策した。スーパーマーケットでおみやげを買い込み、すぐ脇《わき》のカフェで絵葉書を書きながら、新婚旅行でも同じスーパーに行き、同じこのカフェで、披露宴の司会者にお礼状をしたためたことを思い出した。だからどうということはなく、ごく自然に受け止められたことに、起承転結の「結」を迎えたんだなあと実感させられた。

　十年不倫が「結」にまで至り、新たな起承転結を歩み始めている女性たちは、かつてをどうふりかえるだろうか。

　中堅総合商社で課長の職にある絵里さん（53）は、留学経験があり、英語とフランス語に堪能《たんのう》だ。マンションや株を所有し、生活に不安はない。

　二十七歳で結婚し、三十二歳で離婚した。やがてつきあいはじめたのは、会社で六年先輩の雄一さん（59）だ。部署が別でオフィスのあるビルもちがうが、ゴルフコンペで同じ組になり、親しくなったのだ。

　同じゴルフ場の会員権を買い、週末ごとに練習場かゴルフ場でデートするのが習慣だった。彼が名古屋営業所の勤務だったときは、彼の妻がそうしているのと同じように、絵里さんも月に一度ずつ、名古屋を訪ねた。

「離婚して、結婚はもうこりごりと思っていました。週末だけの関係は快適でした」

雄一さんの妻にばれ、騒動になったこともあるが「別れた」と言い張り、難を逃れてきた。社内では多くの人が知っている。

二人が別れたのは、絵里さんが五十一歳の誕生日を迎えたあとだった。きっかけは、彼の妻に脳腫瘍《しゅよう》ができ、手術したことだ。

彼は「自分の行動が妻にストレスを与えたのでは」と悔い、絵里さんに「別れたい」と切り出した。近づきつつある定年後の生活を、妻と静かに過ごしたいという打算もあったことだろう。

まるで「第二の奥さん」のようだった彼女である。どんな波乱があったかと思い、身を乗り出す私に、絵里さんはあっさり答えた。

「病気じゃしかたないでしょう。すぐ別れましたよ」

絵里さんとは古い知り合いだが、押しが強く、自分の意志をきっぱり通す人という印象が強い。彼女が簡単に別れを承諾するとは思えない。

私は「そんなことはないだろう、揉《も》めただろう」と、さまざまな角度から聞いてみたが、嘘《うそ》ではなさそうだ。

「離婚とちがって簡単なのよ。別れる、つきあうの区別があいまいなのよね」

籍など法律上の手続きはないし、共有財産もない。二人きりの時間はもたなくなったものの、メールや電話は続いた。それも潮が引くように減っていった。

とはいえ、絵里さんの受けたダメージは小さくなかった。イライラして部下を怒鳴りつけたことがあるし、お酒の量も増えた。女友だちに打ち明け話をしながら、泣き出してしまったこともあるという。

でも、もともと一人で過ごす時間は長かった。彼の存在が抜けたあとの穴は、心理的には大きいけれど、時間的には大きくなく、なんとか埋め合わせがつく。同じ会社だから噂は聞こえてくるけれど、顔を合わせる機会がないのもラッキーだった。

以前から会員だったスポーツクラブに、足しげく通うようになり、ハロウィンの仮装でエアロビクスを踊るなどのイベントにも参加するようになった。

ゴルフ会員権も、彼は売ってしまったが、彼女はそのまま持っている。友だちや、ゴルフスクールで知り合った主婦らと一緒にコースをまわるうちに、気持ちの整理がついてきたそうだ。

「今は、私より、彼のほうがひきずっているかも。会社の愚痴とか、社内事情を知ってる私に聞いてもらいたいでしょう。今もたまーに、メールが来るの。あんまりレスもしないけど。私だって、次の恋をあきらめてるわけじゃないから」

雄一さんとの別れから二年少しがたった今、その宣言どおり、絵里さんは新しい恋をしている。

きっかけはやはりゴルフである。スポーツクラブのゴルフコンペで知り合った、八歳下の男性だ。マンション管理会社に勤める彼も離婚経験があり、元妻が二人の子どもを育てている。

夏休みに二人でマウイ島に行き、ゴルフを楽しんだ。四泊五日をずっと過ごしても、まったく違和感がなかったという。

「帰りの飛行機で、一緒に暮らそうよと言われて。それもいいかなと思ってる。夜景が見える高層マンションがいいねとか、勝手なことを言って楽しんでます。もう下見してきた候補もあるの」

二人で家賃を折半してマンションを借り、絵里さんの住まいは賃貸に出す予定だという。実現に向けて具体化が進んでいるのを、絵里さんは心から楽しんでいるようだ。

しかしそれぞれの両親に紹介ぐらいはするものの、籍は入れず、とくに公表するつもりもない。事実婚よりもっと手前の「同棲《どうせい》みたいな感覚」だという。

それは離婚の経験で「結婚はこりごり」だからなのだろうか。私がたずねると、絵里さんは少し考えてから否定した。

「似てるけれど、ちょっとちがう。結婚がこりごり……というより、男はもうこりごりだったんですよね。でも、別れてみて、ああやっぱり、一人じゃ生きられないなあと気づいたんです」

多くは語らないが、離婚の原因は元夫によるDVだったらしい。不倫という関係を選んだ背景には、男性不信やおびえがあったのだろう。十年不倫は、絵里さんのこわばった男性観を溶かしてくれたのだ。

絵里さんに、十年不倫で何を得たと思うかを聞いてみた。

「形にこだわらなくなったことですね。昔だったら、八つも下の人を好きにはならなかった。もし好きになっても自分を抑えた。同棲なんて絶対NGだった」

なかなか離婚に踏み切れなかったのは、「離婚なんてよくないことだ」「自分が妻としてちゃんとしていないせいだ」という思いが強かったからだという。

彼女は十年にもおよぶ不倫を続ける中で、既婚男性を部屋に入れ、一緒に眠り、ゴルフ旅行に出かけるという、たくさんの橋を渡ってきた。それは都内の堅実な家庭に育った「まじめないい子」が、視野を広げ、行動の自由を得るプロセスでもあったのだ。

絵里さんはクスッと笑って言った。

「今カレね、私のことを同い年ぐらいだと思ってたんです。実年齢を言ったらビックリされた」

恋人を「今カレ」と呼ぶ若々しさからも、心のはずみが伝わってくる。八つの年齢差にこだわりはないという。

「ゼロと言ったら嘘になるけど。いろいろ、本当にいろいろ経験してきたから。並みの五十三歳と一緒にしてもらっちゃ困ると思っている」

絵里さんは、まだまだ充分にきれいだ。九号のスーツをスラリと着こなす体型をキープしている。自分を魅力的に見せるヘアスタイルやメークも心得ている。

考えてみれば、雄一さんの妻が夫と子どもの世話にかまけている間、絵里さんは運動やおしゃれにお金と手間をかけてきた。若々しい外見も十年不倫の副産物であり、その自信が新しい恋を受け入れる勇気を与えてくれたのだろう。

絵里さんは十年不倫に「それなりに得るものがあった」というプラスの評価を与え、その土台の上に新しい幸せを築こうとしている。

素朴な少女の変貌《へんぼう》

医療事務の資格を活《い》かして総合病院に転職し、上司に紹介された検査技師と三年前に結婚したという成美《なるみ》さん（38）は、栃木《とちぎ》県内に家族と住んでいる。二歳の娘がおり、妊娠六ヶ月でもある。

丸顔でふっくらした体型に、シンプルなニットセーターとジーパンがよく似合う。うっすらとメークして、眉《まゆ》や爪《つめ》、ふんわりしたセミロングの髪の手入れもいきとどき、「こぎれいな奥さん」という印象だ。

彼女と待ち合わせたのは、彼女の住まいから車で十分というJRの駅だ。改札も切符売り場も一つだけ、木のベンチの置かれた素朴な駅舎に、彼女は軽自動車を運転して私を迎えに来てくれた。

大きな駐車場をしたがえたパチンコ店、牛丼《ぎゅうどん》店、スーパーなどが雑然と並ぶ国道をしばらく走り、ファミレスに入った。慣れた様子で駐車する姿から、彼女が、この町にしっかりと根をおろして生活していることを感じる。

しかし彼女はかつて十年不倫の当事者だった。

栃木県内の高校を卒業し、自宅から自転車で通える距離のタクシー会社の経理部に就職した。そこで働いていたひとまわり上のタクシー運転手と十九歳でつきあいはじめたのだ。

知人に紹介された私が「話を聞かせてほしい」とたのんだとき、彼女は「もう終わったことだし」としぶっていた。

結婚したのが三十五歳だから、夫も以前、彼女に恋人がいたことは察している。しかし不倫だったとは話していないという。ファミレスでも、あたりさわりのない世間話が続いた。

彼女の十年不倫の概要は、成美さんを紹介してくれた、彼女の高校時代の同級生である亜沙子《あさこ》さんによる。この先は亜沙子さんの話と成美さんのコメントを私なりにまとめて紹介していこう。

さて、タクシー運転手と不倫しはじめたころの成美さんは、まったく化粧っけがなく、髪もただ後ろでたばねているだけで、今よりずっと素朴な雰囲気だったという。彼女の実家は農業を営んでいる。のんびりした高校時代を送ったようだ。

就職しても、初々《ういうい》しく幼なかった彼女は、彼が結婚して子どもがいるのも知っていた。しかし、会社の先輩に何か言われたら、従うべきだと考えるようなタイプである。彼に「食事に行こう」「遊園地に行こう」と誘われると、素直についていった。

成美さんと関係ができると、彼は「会社をうつったほうがいい」と言い出した。せまい町で、噂《うわさ》になるのをおそれたのだろう。成美さんは言われるままに、電車で一時間近くかかる農機具販売会社に転職した。

やがて両親に「通勤が大変だから」と言い訳してアパートを借りた。恋人は勤務の合間に訪れては、彼女の手料理を食べ、くつろいでいった。

彼の妻はじきに気づいたが、彼は「もう別れた」と嘘をついて乗り切った。

「結婚はしたかったけれど、でも、そういうことになっちゃったから、仕方ないかなって思っていたんです」

それほど深い関係だったのに、突然の別れがやってきた。成美さんのもとに彼から電話があり「もう会えない」と一方的に告げてきたのだ。成美さんはそれをあっさり受け入れたというが、本当だろうか。

「自宅の電話番号を知らないし、彼はケータイ持ってなかったし……会社の電話に出るのは私の知り合いだし……」

成美さんはあいまいにしか答えなかったが、自らの十年不倫をこう総括した。

「得たものがあるとしたら……女友だち、かな」

その「女友だち」の一人である亜沙子さんは、高校時代の仲良し四人グループのメンバーの一人だ。タクシー運転手の話を当初から聞いており、いつも心配していたという。みんな両親と同居しているから、成美さんの部屋が溜《た》まり場として貴重だったこともある。

成美さんと会った後に、亜沙子さんと飲み会で顔を合わせる機会があり、話を聞いた。

「歯がゆいほど無防備なんです。ノーが言えないタイプ。ホテルに行ったとか言うから『なんでっ!』と聞くと、『だって何もしないと言ったから』ですって。右を見てろと言われたら、ずっと見てるんですよ。アレはつけこんだんですよね」

成美さんの以前の恋人を、「アレ」と見下したように呼ぶ。

「不倫なんてかっこいいものじゃない。アレが夜勤明けに来ると、ごはん作って食べさせて、寝かしつけて、自分は会社に行くんです。向こうの奥さんも、なかば公認でした。でも、アレがいい気になって外泊したりすると、奥さんが切れて騒ぐ。そうすると、いちおう別れて、三ヶ月ぐらいは会わないんですよ」

別れの理由を、亜沙子さんは「奥さんが限界にきて、離婚するか成美と別れるか選べとせまったんじゃないでしょうか」と推測する。私が成美さんの「得たものは女友だち」という言葉を紹介すると、亜沙子さんは大きくうなずいた。

「成美はいつも受身で、誘っても反応がにぶかった。自分で計画を立てて人を誘うなんて、まったくなかった。それが不倫のせいで変わりましたね」

恋人の訪問が途切れる時期、成美さんはさびしさをもてあましたらしい。亜沙子さんたちを「うちに遊びに来ない？」「コンサート行こうよ」などと誘った。

現在の夫との結婚話が持ち上がったとき、成美さんは自分が二つ年上なのと不倫の過去をひどく気にした。亜沙子さんたちが力づけ、背中を押したという。

「結婚に踏み切れたのはみんなのおかげ」

結婚式の前日、成美さんはそう言って涙を流したそうだ。もし彼女が、十年不倫を経ずにサッと結婚していたら、亜沙子さんたちとは疎遠《そえん》になっていただろう。不倫ゆえのさびしさが、「友情」を与えてくれたのだ。

亜沙子さんは、成美さんが「得たもの」をもうひとつあげてくれた。成美さんはタクシー会社から転職した先で、仕事の合間に医療事務の資格を取得したのだ。

「資格をとろうと思ってると聞いてビックリ、本当にとったんで、またビックリでした。彼女なりに将来にそなえようとしたんでしょう」

成美さんが、突然の別れを、葛藤《かっとう》があったにせよ受け入れた理由が、ぼんやりと見えてきた。女友だちや資格を入口に世間の風を感じる中で、彼女なりに「このままではいけない」と危機感を強めていたのではないだろうか。

亜沙子さんは言う。

「別れてすぐはぽかんとした様子になってしまい、心配しましたが、すぐに立ち直りました。昔の成美と比べると、なんというか、自立しましたよね。ぼーっと受身で生きてたのが、シンが通った感じがします」

十年不倫は、人の言いなりになるような素朴すぎる少女をたくましく変貌《へんぼう》させたのだ。

「成美の今のダンナって、かっこいいとかじゃないけど、まじめでいい人。子どもに会いたくて早く帰ってきちゃうような人なんです。私も、他の子たちもみんな結婚してないんですよ。あんなに成美が歯がゆかったのに……いつのまにか追い抜かれちゃった。負けたって感じがしますね」

「結婚しない」という自負心

年齢も職業もばらばらな十人ほどが集まった飲み会で、私は元銀行員の佐知代さん（63）と知り合った。

定年退職してからは、ファイナンシャルプランナーの資格をいかしてマネー雑誌で原稿を書いたり、NPO事務所を手伝ったりの毎日だという。調布市内に購入したマンションに一人で暮らしている。二十三区外だが、私鉄の特急に乗れば新宿はすぐだ。ていねいなメークと、すっきりとアップにしたロングヘア。おなかのあたりはさすがにたるんでいるが、フリルのついたカットソーでたくみに隠している。

参加者の大半は女性で四十代以下が多く、佐知代さんだけがふた世代上だ。しかし若々しくて話題も豊富な彼女は、その場にしっくりとなじんでいた。

「ペット？　飼ってないわよ。だって気ままに旅行できないでしょ。こないだも新宿に買い物に出て、そのまんまふらっと箱根に一泊しにいっちゃったの。そういう自由がきかなくなるから、飼う気はないの」

てきぱきとした口調ではっきり話す。勤務していた地銀では、最初に女性総合職になった四人のうちの一人だったという。なつかしい「キャリアウーマン」という言葉のひびきが似合う雰囲気だ。

「食事はよく作るけれど、めんどうだと外食しますよ。近所のおいしい焼き鳥屋さんに一人でふらっと行って、カウンターに座って、ビール一本と焼き鳥をつまんで、おむすびとか食べて。マスターと顔見知りだから世間話したりして、楽しいのよ」

結婚が話題にのぼり、四十代シングル女性が「老後がさびしいだろうなと思うと不安なんですよね」と言うと、佐知代さんはきっぱりと否定した。

「結婚したくてもできなかった人は、さびしい老後かもしれない。でも、したくないからしなかったという人、つまり結婚しない人生を自分で選んだ人は、ちゃんと準備もできているし、さびしくなんかないわよ」

結婚しなかった理由を、佐知代さんは確信に満ちた様子で説明した。

「結婚が向かないと自覚したからなの。私はお料理も好きだし、お掃除も嫌いじゃない。もし結婚したら、いい奥さんになりすぎて、仕事はおろそかになったと思う。なすべきことをしたんだという、満ち足りた気持ちで退職できたのは、結婚しなかったおかげなのよ」

それから十日ほどして、私は佐知代さんをお茶に誘った。雑誌に書く記事の中で、マネーライターとしての彼女のコメントを引用したかったのだ。

また、私は彼女のゆるぎない自信の根拠にも興味があった。恋愛経験はないのかと水を向けてみると、佐知代さんは「十三年とちょっとの間、同じ人と不倫していた」と話し出した。彼女の自信の根拠は十年不倫にあったのだ。相手は元上司だという。

「とても仕事のできる人だった。彼が応援してくれたから総合職になれたの」

それぞれの転勤でちがう支店になっても、彼に相談したいことがいろいろあった。人に見られ、あらぬ疑いをかけられたくはないと、人目を忍んで会うようになったのが、不倫にすすむきっかけとなった。

「不倫なんて、そういうお手軽な関係じゃなかったの。私が真剣に結婚を望めば、彼も真剣にこたえてくれたと思う。でも、私は彼との結婚を望まなかった。結婚に向かないというのが、彼のおかげでよくわかった」

　佐知代さんのマンションで二人の時間を過ごすときは、食事の支度をして、季節の花を飾り、部屋着も心地よいものを厳選した。

「良妻賢母になれと育てられた世代でしょう。家事も親に仕込まれている。男の人にお皿を洗ってほしいとは思わないの。やるとしたら、仕事も家庭も完璧《かんぺき》にしたい。両方が無理なら、仕事を選ぼうと決めたんですよ」

　彼との関係は十三年続いたが、彼が身体《からだ》をこわすなどして疎遠になり、今は連絡先も知らないという。後悔はないのだろうか。

「さあ、どうでしょうね。そういう関係を続けてきた自分を、肯定も否定もしないけれど……思い出はもらえたかな。もてなかったわけじゃない、私を好きになってくれた人はいたんだという思い出です。そういう自信って、大切でしょう?」

　彼女の年齢にそって整理してみると、彼とつきあいはじめたのが二十代なかばで、別れたのは三十代後半だ。四十歳前後から現在まで、男性とのつきあいはまったくなかったそうだ。

その間、人肌の恋しさのようなものはなかったのかと私は聞いてみた。セックスという言葉を使うのを避けて遠まわしに聞いたつもりだったのだが、彼女はあっさりこう答えた。

「ああセックスね。女は男とちがって、ないならないで平気でしょう。私に関してはそうだった。あなたはどう？　ないならないで平気なほう？　即答しないってことは、ふーん、どういうことなのかな。まあいいや。あなたもシングルだしわかるでしょ。なくても平気でいられたほうが、面倒くさくなくていいわよね。快感の追求、みたいなことに夢中になれる人は、うらやましい気もするけど、そういうことを人生のテーマにするのも、ねえ」

負け惜しみだとは感じられない、湿り気のないカラリとした口調だった。

妻の登場

年下の男性との恋愛に引け目を感じないという絵里さん、結婚しない人生をあえて選択したという佐知代さんの発言は、私には「強がり」には聞こえなかった。成美さんの寡黙《かもく》も、不倫体験がすでにおさまりがついているあかしに感じられた。

三人とも、十年不倫の「おかげ」ともいうべきものを、しっかりつかんでいるのではないだろうか。

ただ、この三人にとって「十年不倫」は「清算ずみの過去」である。自分の部屋に招き入れ、寝食をともにしていた男性が消えたあと、その穴はどう埋まっていくものなのか。

そのプロセスを語ってくれるという女性と、知人の紹介でコンタクトをとることができ、彼女の住まいを訪ねることになった。

手書きの地図をたよりにたどりついた「コーポ中村」は、マンションと呼ぶには小規模だが、三階建てでしゃれたベランダもついている。

池袋から西武線で約三十分、さらに駅から徒歩十分と遠いかわり、造りはゆったりしている。道路に面した門を入ると、建物のすぐ横に、家賃に四千円プラスすると借りられる駐車場が数台分並んでいる。

そのひとつに「302」と書かれた看板が置いてあった。大手スーパーに勤める和《かず》恵《え》さん（35）が住んでいる部屋の番号だ。駐車場はもう解約したのに、看板はそのままになっているようだ。

勤務先は土日営業なので、和恵さんの休みは平日だ。私が訪問したのも木曜だったから、昼過ぎのその時間、建物に人の気配はなく、駐車場にも車が一台しかなかった。看板のかたわらに立って、302号室を見上げてみた。玄関ドアと、ダイニングキッチンの窓がよく見える。人の出入りはもちろん、レースのカーテンごしに中の様子をうかがうこともできる位置だ。

和恵さんにあらかじめ聞いていた話では、ほんの三ヶ月前、私が今立っているこの位置に、大柄な女性が仁王立ちになり、302号室をにらみつけていたという。和恵さんの十年不倫の相手で四つ上の、精一さんの妻だった。妻の登場によって、和恵さんは、十年不倫のパートナーを、突然失うことになったのだ。

精一さんの仕事は商品の配送だ。日曜は休みだが土曜日は隔週で出勤し、かわりに月に一度、シフト制で平日に休みがある。和恵さんの休みに合わせ、小中学生の子どもも二人と、食品メーカーに勤める妻を送り出したあと、車で302に現れるのが習慣だった。

そのほか週に一度か二度、仕事の帰りに和恵さんの部屋に寄り、夕食を食べていく。

「うちの親が新潟《にいがた》で農業やってるんです。彼はお父さんのお米がすごくおいしいって、何もいらないぐらいだって……」

和恵さんは地元の短大を出たが就職先がなく、東京にやってきた。二、三年勤めたら、故郷で見合い結婚するだろうと、漠然と考えていたそうだ。

「親には上京を反対されました。地元にいたほうがいいと。私は『どうせ戻るんだから、今だけ東京を見てみたい』と言ったし、本当にそのつもりでした」

明確なビジョンを持って人生を切り開いていくタイプではない。中学での成績で自然に進学する高校が決まっていったように、結婚を含めた今後も、流れに従っていけばよいと思っていたようだ。

二人は十数年前、和恵さんの勤め先で知り合った。精一さんは冗談をよく言うタイプで、つまらないだじゃれを連発した。自らを「まじめで融通がきかない」という和恵さんは、そんな彼の冗談にさえとまどった。

「笑っていいものか、どうか……。ほかの人がドッとうけても、なかなか笑えなくて。ああ私ってドンくさいなと思ってました」

でも、精一さんは和恵さんが気に入ったらしい。退社時間をたずねられ、正直に答えると、車で待っていて送ってくれたりした。そのままドライブに出かけたりするうちに「好きだ」と言われ、受け入れたという。

不倫に対する敷居をどう乗り越えたのだろうか？

「あれよ、あれよという感じで、押し切られました。男の人とつきあうの、はじめてだったんです。かっこいいわけじゃないですよ。飾らない人です。一緒にいると落ち着くタイプです」

和恵さんが思い描いていたコースからはずれたのは、社会が急カーブを描いて変化した時期とも重なる。上京して五年たっても「そろそろ故郷に戻ってお見合いを」とセッティングしたり、せかしたりする動きは起きなかったという。彼女の十年不倫にも、社会からの追い風が吹いていたのだ。

「親は、反対を押し切って東京に出たときから、何を言ってもしかたがないと思ったみたいです。結婚しろとうるさかったのは、二十八歳ぐらいまでです。姉と弟が実家の近くに住んでいて、子どももいるし……」

精一さんとつきあいはじめて一年たったころ、和恵さんの住んでいたアパートが契約更新を迎え、引っ越すことにした。条件のひとつを「駐車場つき」にしたのは、車で通勤している精一さんのためだ。

「便利だから、ぐらいにしか考えていなかったんです」

何もできないままに

302号室の玄関には男物のサンダルが置いてあった。

「防犯のためです。一人暮らしだってわからないほうがいいかなと思って」

犬のプリント柄のトレーナーを着て、メークをしていない和恵さんは、年齢よりずっとかわいらしく見えた。

小さな玄関の横にあるドアをあけると六畳ほどのダイニングキッチンで、食事テーブル、椅子《いす》が二脚ある。食事テーブルは四人家族でも使えそうな大きさだ。箸《はし》立て、しょうゆさし、炊飯ジャー、しゃもじとしゃもじ受け、電気ポット、きゅうすと茶缶、テレビのリモコンなどが雑然と載っており、生活のにおいがする。

流し台にはスポンジや洗剤やクレンザーが並び、冷蔵庫にはマグネットでメモや葉書がびっしり貼《は》り付けてある。百円ショップで売っているような、スーパーのレジ袋の収納ケースが流し台の取っ手にかけてある。見た目より使いやすさを優先した雰囲気だ。

ダイニングキッチンと、その奥にある和室との境のガラス戸があけはなたれている。大型のテレビが和室にあり、食事しながら見られるようにしてあるのだ。テレビ台にはキャスターがついているから、寝るときはゴロゴロと動かして布団《ふとん》を敷くのだろう。

彼女がごはんとお味噌汁《みそしる》を用意し、一緒にお昼を食べる約束になっていた。私が持参したデパ地下のお惣菜《そうざい》を、彼女は手際《てぎわ》よくお皿にうつした。テレビはお昼のワイドショーをやっていた。みのもんたのだみ声を聞きながら、食事のしたくが進んだ。テーブルに向かいあって座り、顔を右に向けると、テレビの画面が正面にきた。医学博士の解説にうなずくみのもんたを背景に、私たちは「いただきます」と声をそろえた。炊《た》き立てのごはんは本当においしかった。ネギと豆腐のお味噌汁には、ダシの煮干がそのまま入っている。気のおけない叔母の家に来たようなくつろぎ感がある。

和恵さんが、突然「へーっ」と感嘆の声をあげた。画面のみのもんたに向けて発したのだった。テレビとは反対の左側に目を向けると窓があり、そこから駐車場が見える。

精一さんとは、たまにドライブをするぐらいで、ほとんど家にこもっていたという。こうしてテレビを見ながら食事をし、お茶を飲んでいれば、数時間はすぐたつだろう。それにしても、あまりにも生活感がありすぎる。この部屋でセクシーな気分になるのはむずかしそうだ。しかし、彼もまだ若い。セックスレスでないとしたら、どうやってスイッチを切り替えるのだろう。

「普通の夫婦と同じです。適当に……」

ごまかすようにそう答えてから、和恵さんはかすかに思い出し笑いをした。

「サウナが好きなんです、あの人。月にいっぺんぐらい、一緒にサウナに行ってました。二人でサウナに入るんです」

くわしく聞いていくと、それは「部屋にサウナのあるラブホテル」だという。平日の昼間ならば数時間いても五千円かからず、カラオケもついている。彼女が言っていた「たまにドライブするぐらいで」のドライブには、深い意味があったのだ。

ふだんは生活感のあふれる部屋でのんびりくつろぎ、ときにはラブホテルでリフレッシュする。愛人以上、家族未満とでも呼びたい関係である。彼にとって、和恵さんはどれほど貴重な存在だったことか。

精一さんとの最後になってしまったその日、朝十時ごろに来た彼は、いつもどおり夕方には帰るはずだった。昼食をすませ、お茶を飲んでいた彼が、何気なく窓のほうに顔を向けた。そして「うっ」とうめいた。

和恵さんもそちらを見た。精一さんの車の前に、背の高い、ひょろりとした感じの女性が仁王立ちになり、こちらを見上げていた。彼の妻だとすぐわかったという。

「こっそり見張ってる感じじゃなかった。いるのはわかってる、早く出てきなさいという感じでしたね」

和恵さんと精一さんは、そのまましばらく動けなかった。十分ほどして、精一さんは立ち上がり、テーブルの上から車のカギをとって、ポケットに入れた。

「ちょっと行ってくる」

彼と妻がどんな会話をかわし、どう行動したのか。和恵さんは聞いてもいないし、見てもいない。駐車場とは反対側の、寝室に行ってしまったのだ。

「奥さんと話すところ、見たくなかったんです」

何分もたたないうちに、車が発進する音が聞こえた。ダイニングキッチンに戻ってみると、駐車場は空っぽだった。それ以来、精一さんとは会っていない。

「次の日になって、電話がきました。ごめん、としか言わなかった」

さらにその翌日、妻の友人で弁護士だと名乗る男性から電話がかかってきた。

「奥さんは慰謝料を請求できる立場にあるけれど、そこまではしないと言っている、よかったですねえという話でした」

要するに「だから黙って別れなさい」というメッセージである。和恵さんがあいづちも打たずにいると、相手は「じゃあ、そういうことで」と一方的に電話を切った。

「何かしようとは思いませんでした。どういうのかな、ぼんやりしちゃった感じ。どうしよう……と思っても、どうしようもないじゃないですか。私にできることは何もないんですよ。そのまんま、普通にいるしか」

弁護士を名乗る男性からの電話は、彼女のケータイにかかってきている。精一さんが番号を教えたのだろうか。

「彼から電話が来たんですけど……夜じゃないんですよね」

精一さんが電話してきたのは、和恵さんの勤務時間中である。私用電話には出られないし、出てもこみいった話はできない。ほうっておいたら、四回ほどで終わった。

「テレビドラマで旦那《だんな》さんが急に死んじゃうとか、急に出てっちゃって離婚されるのがありますよね。こんな感じなのかと思いました」

故郷に帰って見合い結婚というコースをはずれた和恵さんは、次に用意されていた十年不倫コースを素直に受け入れた。そして、この急な別れを、私には不誠実に見える精一さんの態度もふくめて、納得しようとしている。

たしかに、夫を突然失った妻と似ているかもしれない。彼女には「精一さんとの日常生活」があった。しかし、妻と和恵さんには大きなちがいがある。この十数年、精一さんと二人で過ごす時間よりも、「一人きりの日常生活」のほうが圧倒的に長かったのだ。精一さんが抜けた穴は深いにちがいないが、表面積は大きくない。

和恵さんと私の会話はひと区切りついて、お皿をかたづけた。彼女はりんごを切り、お茶を入れてくれる。テレビはサスペンスドラマの再放送に変わっていた。なんとなく、二人そろって画面をながめた。

「このドラマ、前も見たような気がするんだけど。同じ人が出てるからわからなくなっちゃいますよね」

テレビと、とりとめない会話とお茶で、二時間がすぎた。私はせっかちなので、のんびりとテレビを見ることはめったにない。いつも何かにせきたてられているように焦《あせ》っている私でも、和恵さんといると、ゆったりした居心地のよさを味わえる。

部屋そのものに「人間がここで確かに暮らしている」というような、どっしりした生活感がある。落ち着いた暮らしぶりの理由を、私はこう推測した。

「和恵さんは一人だけど家庭生活を送っているんだな」

恋人と寝食をともにしても、彼は「いずれ帰っていく人」である。二人で一緒にいるときも、彼女は「自分だけの家庭」を作り上げていたのだ。

「一人」にみがきをかけて

和恵さんに限らない。十年不倫の女たちは、みんな「自分一人の生きかた」を確立している。

世の中には、パートナーをもたずに暮らしている人がいくらでもいる。その中で、不倫とはいえ安定した関係を保とうとしてきた彼女たちは、ある意味では「一人ではいられない人たち」だ。十年の歳月は、彼女たちが一人で生きるすべを身につけていくプロセスでもあったのだ。

なんといっても「一人の家庭」は快適だ。目の前に夫という家族がいたら、ほうっておかれたり、裏切られたりしたときの孤独感は深いだろう。シングルなら、人間関係を求める相手は友だちなど対象が広いから、孤独感を薄めやすい。

これは、結婚生活をやめ、一人暮らしに戻った私自身の実感でもある。自分なりの生活パターンができあがるにつれて、寂しさがしのびよってくるすき間は押しつぶされていくのだ。

かくして誰にも気がねのいらない、「一人の家庭」を築き上げ、さらに「一人」にみがきをかけた十年不倫の女性たちは、不安や迷いはあるにしても、根っこに揺らぎがなく、生き方の軸が安定している。

どの十年不倫の女たちにも、私は不思議な魅力を感じてきた。けっして〝人格者〟ばかりではない。強気だったり、ずうずうしかったり、打算的だったりする。それでいて、どこか共感をおぼえずにはいられないのだ。

もっとも、十年不倫の女たちが安定していたり、一人で生きる姿があっぱれだったり、いさぎよかったりすればするほど、彼女たちの「ワリをくってる感」は増す。心もふところも痛めずに恋愛を楽しもうとする既婚男性にとって、彼女たちは「都合のいい女」だからである。

十年続けることができたのは、彼女たちが経済的に自立し、男性の保護をあてにしないからでもある。

彼女が不倫に納得し、一人でも生きていけるようになればなるほど、男性に都合がいいばかりでなく、結婚は遠のく。不倫相手にいくら尽くしても将来の保障などの見返りは期待できない。

夫が、取引先の女性と長年つきあっていたことが発覚し、離婚の寸前までいったことがある五十代の女性から、こんな述懐を聞いた。

「はじめは、その女がただただ憎かった。私が騒いだから会社にばれて、彼女はクビになって、ザマミロと思った。でも五年がたつ今は、彼女もかわいそうだったと思う」

発覚のきっかけは、夫のクレジットカードの明細書だったそうだ。

「その女とは、ろくなお店に行ってなかった。居酒屋で二人で四千円とか。こっそり仙台旅行したときも、安いビジネスホテルだった」

会社から恋人の部屋に向かう途中に、輸入品の多い高級スーパーがある。月に二度ほどそこでカードを使っていたが、買ったのは千円ちょっとのワインだったという。

「手土産が千円のワイン。安いよねえ。都合のいい女にされて、会社もクビになって、かわいそうな人。バカだなあとも思う。男なんて、結局は妻のところに戻るのに」

話題が他に移ってからも、彼女は「千円のワイン」にたびたび言及した。その話題とは関係のない知人の噂《うわさ》をするときも、その男性の性格をこんなたとえで説明した。

「うちのと同じよ。ワインなんて飲んだことないくせに、かっこつけてワインにしました、でも千円ぽっちの買いました、みたいな感じの人なの」

彼女がワインにこだわる理由がだんだん見えてきた。ワインを飲んだあと、二人でともにしたであろう行為への嫉妬心《しっとしん》がよみがえるのだ。彼女はこんなことをつぶやいた。「お酒を飲むとダメになっちゃうくせに、外だとがんばれちゃうのかしら……」。

夫の愛人に電話をかけて難詰《なんきつ》したときも、ワインの話を持ち出したという。

「安物のワインでよくごまかされましたね、千円でしたよと言ってやりましたよ。ショックだったでしょうね、黙って聞いていましたよ」

妻の座にゆるぎはないと思っていた彼女は、真実を知って大きく動揺した。しかし相手の女性はどうだろう。もともと不安定な、いつまで続くかわからない関係である。安定しているとは思わず、求めてもいないから、真実を知ったところで、そこまで動揺したたろうか。

ワインが千円だったと知っても、多少ガッカリはしても「まあ、そんなもんでしょうね」とあっさり受け流し、この妻のように五年先までひきずったりはしないのではないだろうか。

「私がいいと思っているんだから、それでいいじゃない」

あっさりそう言えそうな安定感が十年不倫の女たちにはある。不倫という関係を許容する中で、清濁あわせのむすべを心得てきた彼女たちは、達観したようなところがあり、自己抑制もきいている。いざ別れるとなれば、スパッと決断する強さもある。

女同士で助け合うネットワークや、趣味や、孤独に耐える力をもっている。自分の魅力を演出するすべも心得ている。自分の力ではどうにもならないものには頼らないという、いさぎよさもある。自分で自分のことを決定できて、責任もとる。生活の基盤もととのえている。

人にどう思われようと、個人のレベルでは、状況に適応してうまくやり、得るものもあったと納得しているのだ。

大変動の前兆

しかし、ここで「不倫でも幸せになれる」という結論が出てしまうことに、私は大きな危惧《きぐ》をおぼえずにはいられない。

それは新たなロールモデルの出現を意味するからだ。

私が「ロールモデル」という言葉にこだわるのには理由がある。私は男女雇用機会均等法の施行とともに大学を卒業し、出版社に就職した。社会に出てみて、もっとも困惑したのが「ロールモデルがない」ことだった。

男性ならば「あのポジションにつくには、あの先輩と同じぐらい頑張る必要があるな」「結婚や自宅購入は、こうする人もいれば、ああする人もいる」など、自分の将来を予測するための指標がいくつもある。しかし、それまで「女子は自宅通勤に限る」などの採用条件を見慣れていた私たち女性には、見本にすべき先輩はほとんどいなかった。

女性が仕事一筋で生きていくとどうなるのか。結婚と仕事を両立させるとしたらどうか。結婚できなかったら、どんな人生になっていくのか。

結婚に夢を託そうにも、母の世代が当然のように継承してきた「結婚退職→出産→子育て」というロールモデルは、すでにあやうくなっている。

将来の予測がつかない焦りや不安は大きく、生き方の軸をどこに置けばいいのかまったくわからなかった。

二十代後半で出版社を退職し、本を書き始めたとき、私には「女性のための、新たなロールモデルを一つでも提示したい」という夢があった。私の二冊目の本は『28歳の幸せ術』というタイトルだ。結婚せずに三十代を迎えそうな女性たちにとっての、「幸せのひとつの形」を考えようとしたものだ。

一九九〇年代はじめ、雑誌『日経ウーマン』に定期的に寄稿しはじめたときも、私にとって「ロールモデル」は大きなテーマだった。

たとえば、管理職クラスの男性に絶大な支持を得ていた宮本武蔵《むさし》の『五輪書』をとりあげ、「男性たちは、五輪書のこういうところが現代社会に通じると考えているらしい。私たち女性も、ここところは、こんなふうに参考にできるのではないか」という記事を書いた。

また、「デートの費用はどちらがもつか」「上司にコピーをたのまれたらどう対処するか」などを読者に問いかけ、調査データを集計して、典型像を抽出してみた。

それらは、ロールモデルが見つからないために「じゃあ男性たちはどうしてるの？」「みんなはどうしてるの？」と模索する作業だった。

いま、『日経ウーマン』では、活躍した女性を表彰する「ウーマン・オブ・ザ・イヤー」賞をもうけており、売れ行きも好調だという。かつて五輪書や読者アンケートにたよるしかなかった私としては、「先輩女性をロールモデルにできる時代がやっときたんだな」と、感慨をおぼえる。

こうしてロールモデルの重要性を実感してきたからこそ、いまここで「不倫でも女は幸せになれる」という結論を出すことに、私はためらいをおぼえるのだ。

社会全体が大きく揺らぐ中、不倫はそのほころびを縫いあわせる役割をになっているとすでに書いた。あちこちに潜在している不倫予備軍に「じゃあ不倫でもいいんだな」と安心を与えるのは、この社会に必要とされている不倫に、さらに追い風を吹かせることになる。

しかも不倫の肯定は、「結婚して幸せになる」というロールモデルの根底を揺るがし、既婚女性の心をかき乱す。安定感を失い、既得権を侵害されるのではという不安にもかられる。

そして「父の関心が外に向いている家庭」や「母が父の裏切りに泣いている家庭」で育った子どもたちは、将来、「結婚して幸せな家庭を築く」というロールモデルを肯定できるだろうか？

個人のレベルでは、彼女たちの「得るものはあった」という実感が、本物であってほしい。同時に、彼女たちに自分を投影せずにはいられなかった私が、「得るものはあった」という結論に誘導したのではないかとも思う。十年不倫の女たちの納得が、達観が私の不安をかきたてる。

終章　もうひとつの別れ

突然の音信不通

大学事務職員の里美《さとみ》さん（56）が、十年不倫のパートナーである俊夫《としお》さんの死を知ったのは、スポーツクラブのインストラクターの何気ない一言からだった。

里美さんと五つ上の俊夫さんは、以前同じ会社に勤めていたことがある。里美さんが転職したあとも仕事のつながりが続き、やがて恋人関係になった。

二人とも身体《からだ》を動かすのが好きで、同じチェーンのスポーツクラブに入っていた。一定の会費を支払えば、全国どこの支店でも自由に使えるシステムを利用して、待ち合わせはたいていスポーツクラブだった。

杉並区内にある里美さんの住まいから、自転車で二十分のところにある支店は、俊夫さんが会員になっているゴルフ練習場から自宅への道筋にあり、彼がそこにいるのは不自然ではない。

「私は毎週土曜に必ず行きます。彼は一週間おきぐらいに来て、合流して、食事してというのが、いつものコースでした」

俊夫さんは一年ほど前に定年を迎えた。運動ぐらいしか趣味のない彼にとって、里美さんは心の支えにもなっていたらしい。

「うちで過ごす時間が長くなりました。ぐずぐずしていて帰らないの。前よりおしゃべりになった。あれも聞いてくれ、これも聞いてくれ、みたいな感じで。定年って、こういうものなんだなあと思いましたよ」

これからの自分を見つけかね、うろたえていた俊夫さんを、里美さんは冷静にながめていた。

ところがスポーツクラブに二週続けて現れず、ケータイに電話してもつながらない。自宅にかけるのはためらわれる。音信不通になってから四週目、ケータイは解約されていた。

里美さんは、それを「私の前から姿を消したいんだ」と受け止めた。

「定年になってから、彼は家を出づらい、どうしようかなと、後ろ向きなことを言うようになっていたんです」

出勤の必要がないのだから、平日の昼間だけの「デイ会員」でもさほど不便はない。会費は月に五千円ほども安い。家族の手前もあり、里美さんの都合に合わせて土曜に外出するのが、彼には負担になってきたのだ。

「別れたいなら、そう言ってくれればいいのにと思いました。十三年もつきあってきたんです。何かあいさつがあってしかるべきだと腹も立った。荷物というか、彼の食器とか歯ブラシ、スリッパなんかを家に送りつけてやろうかとも考えました」

しかし心のどこかで、またふっと現れるような気がしていたという。もともとまめに連絡をよこすほうではなかった。

「最後にうちに来たのは、いつもどおりスポーツクラブの帰りです。ちょっと横になって、昼寝とかして、ビール飲みながらごろごろして。夜十時過ぎに帰っていったんですけど、ほんとにいつもどおりだった。じゃあまた、とか言ってた気がします。全然、変わったところはなかったんです」

連絡が途絶えてから六週間がたった。落ち着かない気持ちのまま、里美さんはスポーツクラブに行った。すると顔見知りの若い女性インストラクターが近づいてきて言った。

「このたびは本当に……。お元気だったし、まさかと思いました。これからも、お一人でもいらしてくださいね」

意味がわからないながらも、足がふるえた。そのまま家に帰り、彼の勤めていた会社のHPにアクセスしてみた。すると「訃報《ふほう》」の文字とともに、彼が心不全で亡《な》くなったことが書かれていた。

「三十分ぐらい、じっと動けませんでした」

葬儀などはすべて終わっている。現実感がわかないけれど、とにかく、手を合わせたいと思った。お墓がどこにあるか知りたい。

友人の男性にたのんで、俊夫さんの自宅に電話をかけてもらった。彼の妻は「どういうご関係ですか」としつこく聞いたという。

「亡くなったあとにも、私は電話やメールをしてます。きっと奥さんは目にしているはずなんですよね。そうしたら、ふつう『実は亡くなりました』とか、連絡するじゃないですか。反応がないということは、私という相手の存在に、うすうす気づいていたんじゃないでしょうか。うちの近くのスポーツクラブに退会の連絡をしたのも、一種のメッセージかもしれません」

妻は、「お墓の場所は遠いので」と教えてくれなかった。彼は福島県生まれで両親も健在だ。お墓は実家の近くにあるらしい。

「それからずっと、夢遊病みたいです。ぼーんやりしちゃって、現実感がないの。ろくに食べず、寝ずで、五キロ痩《や》せました」

消せない痕跡《こんせき》

一年ほど前に会ったときの彼女は、スポーツクラブできたえているだけあって、筋肉質の「固太り」という印象だった。今回は、顔がひとまわり小さくなり、あごのラインがすっきりした。

彼女と会ったのは、表参道にあるオープンエアのカフェだ。華やかな明るい場所のほうが、かえって話しやすいのではと思ったのだ。

土曜の午後、シャンパンを飲みながら、ゆっくりと話を聞いた。

「まだぼんやりしてるんです。お酒も、あんまり飲みたくない。ワーッとわめきだしそうな気がして。ワイン一杯をちびちび、一時間ぐらいかけて飲みながら、本を読んでます。本も、一ページに三十分ぐらいかけて、じっくり、じっくり。何か頭の中に入れておかないと、よけいなことを考えちゃいそうだから」

急に饒舌《じょうぜつ》になったり、ふとだまったりする里美さんは、まだまだ混乱の中にいるようだ。空を横切っていく鳩《はと》をじーっとながめていたりする。

自分の住まいの一角に、彼をしのぶスペースを作り、お線香や好物をそなえているという。

「お線香をあげさせていただけますか」

私が言うと、彼女は笑顔になった。

「え、ほんとですか?」

一緒に地下鉄に乗った。都心から約二十分、郊外の私鉄駅から彼女のマンションまで徒歩七分ほどだった。

「結婚は無理かなと思って、三十歳すぎのときに買ったんです。中古ですけど」

八階建ての中規模マンションの、2DKの部屋は、さっぱりと片付いている。壁に片寄せて小さなパソコンデスクと椅子《いす》があるが、食卓はちゃぶ台風の低いテーブル、フローリングの床にロータイプの小さなソファが二つとクッションが置いてある。

きちんとした印象の部屋なのに、ローソファが、フローリングの木目と平行になっていないのが不思議だった。また、窓のすぐ前に、隣のマンションの雑然としたベランダがあり、目ざわりだ。

ローソファに座ってみて、そのズレの意味がわかった。隣のマンションのベランダが視界に入らないよう、工夫をこらした位置だったのだ。二人で作り上げた、くつろぎのスタイルなのだろう。

アクセントに置かれた円形ラグの真ん中に、ミカン箱ぐらいの大きさの、ふたつきの籐《とう》のかごがぽつんとある。それが彼をしのぶスペースだった。

籐かごの上に木のお盆、さらにその上にお香立てとイチゴがそなえてある。スティック状のインド香に火をつけるとスパイシーな香りがただよった。

「お墓ね、どこにあるか捜せば捜せると思うんです。行こうかどうしようか迷っているんです。行って区切りがつくなら行きたいけれど、かえってひきずるような気もして。死んだ恋人の思い出に生きる……って、やっぱり不倫だし、なんか不自然でしょう。すっぱり忘れたほうがいいと思うんですよね。人目を忍んでお墓参りというのも、めげそうな気がするし……」

お香が消えると、かごのふたを開け、中に入っている遺品を見せてくれた。

服はフリースのパーカーとTシャツが一枚ずつだけ。歯ブラシ、カップ、老眼鏡、靴べら、整髪料、古ぼけた池波正太郎の文庫本が二冊。

不思議な遺品だった。「ここに一人の男性がいた」という存在感はあり、年齢や好みもぼんやりと伝わってくるが、生活臭はない。長期出張している人のかばんの中身のようだ。

里美さんがぽつりとつぶやいた。

「お葬式って、生きてる人のためにあるんですよね」

十五年ほど前に里美さんの母が亡くなった。悲しく衝撃的だったが、姉妹二人の長女として、さまざまな用事をこなさなくてはならなかったという。葬儀の段取り、母の友人への知らせ、遺品の整理、四十九日、納骨などの儀式も続く。

「少しずつ、お別れしていくんですよね。少しずつ、気持ちの整理がついていく。いきなり訃報だと、それがないんですよ。ぽかーんとしてしまう。たぶん、すごく悲しいんですよね。ぽかーんとした気持ちをどけると、悲しい気持ちがいっぱい詰まっていると思う。こわいんですよ、悲しむのが。もうちょっとぽかーんとしていたい。まだ直面したくないんです」

たしかに葬儀という儀式があれば、死という現実を受け入れると同時に、葬儀にやってきた人たちと悲しみを共有することができる。

悲しみを誰かと分かちあうこともできず、一人で受け止めなくてはならない。二人が時間や思いを共有していたというあかしもない。

コーヒーカップを手にした里美さんは、籐のかごに目を向けて、歌うような口調で言った。

「お墓参り、やめとこうかな。かごごと捨てちゃおうかな」

本当に捨てられるのだろうか。形見と呼ぶにはあまりにも雑然とした生活用品だが、それを捨てたら、彼女の十年不倫の痕跡は消えてしまう。

彼女は「ぽかーんとした気持ち」の下には、悲しい気持ちがいっぱい詰まっているという。悲しい気持ち、それだけではなく、ワリをくったという気持ち、この十三年はなんだったのかと悔やむ気持ちも詰まっているはずだ。

里美さんは、そうとは自覚のないまま、いくつもの橋を渡ってきた。見ないようにしてきたものが、一挙に押し寄せてくるのはこれからではないだろうか。

とはいえ、十年不倫の女たちに共通する落ち着き、いさぎよさ、強さ、達観を、里美さんも身につけている。それが大きな支えになるのではないか。

私は里美さんに、自分が十年不倫の女たちに魅力を感じ、深い共感をおぼえているという話をした。すると彼女は「え？」と言うように目をみはって私の顔をまじまじとながめてから、フッと笑った。

「そう思ってくれるのは嬉《うれ》しい。ありがとう」

他人にはそう見えるのかという苦笑のようであり、同時に、肯定されたことを素直に喜ぶ気持ちもまざっているようだ。さまざまな思いのこもった、複雑なその笑みには、不倫を続けてきた月日が凝縮されているのかもしれなかった。

社内の「アイドル」

ゴルフ場やリゾートの会員権の販売会社に勤める保子《やすこ》さん（46）の場合は、里美さんとはちがい、十年不倫の相手である治夫《はるお》さんの生前に関係を解消した。彼女が四十四歳のときだ。

保子さんは三十代なかばまで派遣社員をしていた。派遣先の一つが治夫さんの勤める機械メーカーだったのだ。保子さんが社内のテニスサークルに入ったことからつきあいが始まった。

従業員数は三百人ほどなので、受付に座る保子さんは社員の大半と顔なじみになり、契約が切れた後も、忘年会や定年退職パーティに招かれるなどした。

治夫さんは保子さんの十歳上、優秀な営業マンだった。専業主婦の妻と子どもが二人いる。お酒もタバコもやらないまじめなタイプで、不倫の噂《うわさ》など出たことはない。世界各国の民俗楽器を収集するという、ちょっぴり変わった趣味を持っていた。

お正月かゴールデンウィークのどちらかに、アジアを旅してまわり、そう高価ではない素朴な楽器を買い集めてくる。都内に生まれ育ち、会社役員の父の補助で建てた家があるために、経済的にも置き場所にもそれぐらいの余裕はある。

保子さんは埼玉《さいたま》県内でも東京に近いさいたま市の生まれだ。神奈川県内の私立大学を卒業して印刷会社に勤めたが、二年で辞めて派遣社員になった。適当な時期に結婚するつもりだったのだが、彼女を知る人によれば「高望みしすぎて」、恋愛もお見合いもうまくいかなかったという。

保子さんの父親は地方公務員で、派手な暮らしぶりではないが、彼女は「お嬢さん学校」として有名な女子大を選び、埼玉から横浜まで通学していた。

ブランド好きで上昇志向が強い上に、女子大生ブームやバブル期を体験している世代だ。当時よく言われた「三高」、つまり身長と収入と学歴が高い男性にこだわったのはわからないでもない。保子さんは身長百六十センチほど、スラリとしていて、華やかな人目を引く顔立ちだ。コンサバ系の派手な服装を好み、それがまたよく似合う。バブルの申し子のようなタイプである。

三十代なかばを過ぎてから、正社員として現在の会社に採用された。同時に都内で一人暮らしを始めた。治夫さんとの関係を念頭に置けば、ある意図の感じられる選択である。このとき、保子さんは「長期不倫を続ける態勢をととのえる」という、橋を一つ渡ったのだ。

三十代なかばを過ぎても、保子さんはきれいで女っぽく、よく笑う、アイドル的な存在だった。彼女が会社を辞めてからも、会社帰りの飲み会が男ばかりで殺風景だと、誰かが「やっちゃんを呼んでみようか」と言い出す。

会社は新宿にあり、保子さんのマンションは快速なら一駅の四ツ谷である。彼女は誘われると気軽に現れ、新入社員を紹介されたり、かつての上司をからかったりして、にぎやかな飲み会を楽しんだようだった。

治夫さんは、その席にいたりいなかったりした。周囲は、二人の関係をまったく知らなかった。まして治夫さんの楽器収集の旅が、じつは一人旅ではなく、保子さんが同行していることなど想像すらしなかった。

転機が訪れたのは、保子さんが四十代を迎えてしばらくしたころだった。治夫さんが肝臓ガンにおかされ、発見されたときは、外科手術は無理な状態だったのだ。入院と退院を繰り返すようになり、急激に衰弱していった。

治夫さんの同僚の一人は、「みんなでお見舞いに行くから一緒にどうか」と保子さんを誘ったら、「そのうち行く」と、あっさり断わられたそうだ。

じつは治夫さんは、二度目の入院から帰ってくると同時に、保子さんに別れを切り出していた。ガンが増殖しないよう抑えこんでおくには、規則正しく健康的な生活をしなくてはならない。旅行も無理だろうと言われ、保子さんはそれを彼なりの愛情だと受け止め、了承した。

月に一度か二度、二人で過ごしていた彼女のマンションで、彼は「お世話になったから」と、用意してきたロレックスの腕時計を保子さんに渡した。保子さんは「もう一つちょうだい」と、彼がはめているロレックスを手首からはずしてもらい、受け取っている。

推測だが、この段階での保子さんは、まだ冷静さを失っていなかったのだろう。ここで終われば、ほろ苦くせつない恋のドラマなのだが、まだ続きがある。

回覧された「手記」

三度目の入院から、治夫さんが帰って来ることはなかった。保子さんに別れを告げてから四ヶ月しかたっていない。彼の同僚が保子さんに知らせ、葬儀のスケジュールもファックスした。

お通夜《つや》の席で事件が起きた。祭壇の前に立った保子さんが、お焼香をしかけたところで、いきなり嗚咽《おえつ》をはじめたのだ。それだけなら、みんなも不審に思わなかった。親しい飲み仲間が亡《な》くなれば、誰だって悲しい。しかし保子さんは立っていられなくなり、その場にうずくまって号泣したのだ。

結局、保子さんの飲み仲間である元同僚たちが、彼女を両側から支え、会場から連れ出した。そして会場の近くのカフェで、彼女はいきなり告白を始めたのだ。

「じつは私たち、つきあっていたんです」

みんな驚き、にわかには信じられなかった。すると保子さんは数枚の写真を取り出した。タイの水上マーケットをめぐるボートに、二人が並んで乗っている。去年、治夫さんがタイに行ったのはみんな知っている。

アンコール・ワットの写真もあった。古い写真らしく、治夫さんも保子さんも若々しい。七、八年前に、治夫さんがカンボジア、ベトナムを周遊してきたのをみんなは思い出し、二人の関係の長さにあらためて驚いた。

その写真は、角が折れ、汚れていた。わざわざ持参したのではなく、いつも手帳にはさんでいるのだという。

みんなになぐさめの言葉をかけられた保子さんは、また号泣した。一人がタクシーに彼女を乗せて送り届けた。

保子さんがバランスを崩すのは、さらにこの先である。彼女は、治夫さんとの思い出をつづった「手記」を書いた。お通夜の日に披露したような、二人が旅行をしたという、いわば証拠写真を添えて、数ページのノート大の冊子を作った。それを共通の知人に回覧したのだ。

その冊子は茶封筒に入っており、回覧してほしい七人の名前を書いたメモが同封されていた。「ここに名前のない人には絶対に見せないこと」という注意が赤字で書いてある。治夫さんへの友情からみんなそれを守ったが、噂は広がった。

さらに彼女は、回覧の対象である七人を一人ずつ呼び出しては、食事やお酒をともにしながら、彼の思い出を語った。全員が男性である。女性の飲み仲間もいたが、彼女たちは回覧のメンバーに入っていなかった。

男性ばかりを対象に選んだ気持ちは、私にはなんとなくわかる。プライドの高い彼女は、同性からあわれみの視線を向けられるのがいやだったにちがいない。

保子さんはたくさんお酒を飲み、深夜まで相手を解放しようとはしなかった。ずっと彼との旅行の話である。十二年のつきあいで十三回の海外旅行をしているから話題は尽きない。週に一度は誰かが呼びだされるという状態が四ヶ月も続くと、治夫さんの供養《くよう》のためにもとつきあっていた男性たちも、だんだん腰が重くなっていった。

そのうちの一人は言う。

「プライベートな話がポロッと出る。あるとき『彼とはそういう関係じゃなかった』

と急に言い出して、よく聞いてみたら『エッチしようとしても、できない、立たない人だった』と。ホテルに行ってどうとかいう話を始めたから、友だちのそういう話は聞きたくないと止めた」

彼は保子さんに「うちに寄っていって」「今夜は一緒にいたい」とせがまれたこともある。ただ寂しいからだろうと受け取ったが、いい気持ちはしなかった。

主役ではない自分

飲み仲間たちの対処ぶりを聞くと、こうした友だちに恵まれ、慕われた治夫さんは、いい人だったんだろうなと思う。

同時に、彼は「いい人」だからこそ、不倫をやめようという決断ができなかったし、保子さんも彼を断ち切れなかったんだろうとも思う。治夫さんが「いい人」でなければ、保子さんは十年不倫の当事者になどならず、予定どおり専業主婦になっていたかもしれないのである。

お通夜の日に彼女から写真を見せられ、回覧もした四十代の男性は言う。

「みんなに優しくされて、はりつめていたものが一挙に崩れたのではないか。秘密をかかえていて苦しかっただろうし、亡くなったのも大きなショックだろう。ただやはり、彼女自身も墓まで持っていくべきだったのではないか。写真や手記を見せたあたりから、自分を支えきれず、ちがう世界に入ってしまったような気がする。とはいえ、もともと一人でじっと耐えていけるような子じゃない。だから不倫せずにはいられなかったんだろう」

かつてのアイドル「やっちゃん」が、酔っぱらって同じ話を繰り返す姿は痛々しく、見るのがつらいという気持ちは七人に共通していた。治夫さんの妻のことも気にかかる。

「奥さんはたぶん気がついていただろうし、号泣したのが確証となったのでは」

みんなで相談し、一人が代表して保子さんをお茶に誘い、こう告げた。

「亡くなった人は帰らないんだから、やっちゃんも、そろそろ次の恋人を見つけたほうがいい。思い出話はもう封印しよう」

保子さんはうつむいてだまって聞いていたが、顔を上げてこう言ったという。

「わかりました」

以来、彼女が七人を誘うことはなくなって二年がたつ。年賀状のやりとりは続いているが、七人のうちの一人の父親が亡くなったときも、葬儀には顔を出さず、弔電と香典を送ってきたそうだ。

私は彼女に会いたいと思ったのだが、話をしてくれた人に強く断わられた。

「彼女はまだ〝病気〟なんだから、話なんてできないよ。そういう依頼があったと知っただけで、さらにおかしくなってしまうだろう」

飲み仲間たちがたまにやりとりするメールや電話によれば、保子さんは複数の男性と関係があり、全員が既婚だ。派遣されていたことがある会社の、すでに退職した六十代男性と温泉に行ったり、バーで知り合った単身赴任中の三十代男性の部屋から出勤したりしているという。

「自分はもてていると言いたいらしく、そんな話をチラッとする。くわしい話は聞きたくないから、いかにも気のない感じで生返事していますよ。四十六だけどまだきれいだし、女っぽいタイプだから、不倫でよければ相手はすぐ見つかるだろう」

彼女の状態を「依存症」としてながめてみると、依存の対象が「お酒と思い出話」から、「不倫」に移行したと言えるだろう。寂しさを持て余しているであろう彼女は、恋愛依存症、あるいはセックス依存症におちいっていると考えてもおかしくない。

そして第三章でふれたように、妻がいるのに他の女性を必要とする男性は、保子さんのような女性を見抜くのだ。

保子さんがお通夜で取り乱した理由を深読みしてみると、「主役が自分ではない」

ことに尽きるのではないか。

長い年月を積み重ね、海外旅行に出かけ、深く理解しあっているパートナーを失った悲しみは自分も同じなのに、妻だけがみんなに気遣われながら、儀式の中心をつとめている。せつなさ、割り切れなさ、不遇感が一挙に押し寄せ、号泣すると同時にせきが切れ、彼女は「ある一線」を越えてしまったのではないだろうか。

しかし幸いなことに、恋愛やセックスへののめりこみは、保子さんにとって〝緊急避難〟だったようだ。二年ほどそうした状態を続けた後、彼女は十歳上の男性と電撃結婚した。こんな声が聞こえてくるのだけが気がかりだ。

「彼女の夫になった男性は、毎日のように同じバーで飲んだくれては、カウンターで居眠りをしていた。サウナに泊まって出勤することもあり、言動や服装にすさんだ印象がある。彼が実は資産家の息子だとわかり、バーの常連客の間で噂になった矢先、やはり常連客だった保子さんが、彼へ積極的に近づいた」

ところで保子さんは、生前の彼から二つ腕時計をもらっている。形見がわりのロレックスは中古だから、合計しても百万にはならないだろう。

海外旅行のエア代は自己負担していたが、ホテルは彼が一人の名前でとった部屋に宿泊していたらしい。食事代などはほとんど彼が出していたようだ。保子さんの十年不倫は、金銭的にはギリギリのところで「持ち出し」にはならずにすんだのではないだろうか？

次に紹介する道恵さんの十年不倫は、お金もからんで悲惨な結末を迎えた。

ストレスフルな関係

広告会社に勤める道恵さんは、現在たぶん四十三歳、恋人が死を迎えたのは彼女が四十一歳のときだった。たぶん、というのは、彼女もある一線を越えてしまっており、話を聞ける状況にないからだ。彼女を知る人たちの証言から、道恵さんの十年不倫を再構成してみよう。

ひとまわりほど離れた年齢の恋人は、彼女の会社の取引先の一つである都内の伝統工芸関係の商店を経営していた。妻とはほとんど別居状態で、かつて従業員の寮として購入したワンルームマンションと、道恵さんの部屋とを行き来していた。

五十歳をいくつも出ていないのに、彼はくも膜下出血を起こして入院し、緊急手術を受けることになった。発作を起こしたのは道恵さんの部屋だったために、救急車を呼んだのも、入院の手配をしたのも彼女である。

しかし手術の同意書には、他人である彼女ではなく妻のサインが必要である。やむなく連絡をとると、妻と中学生の息子、彼の両親が病院に現れた。そして道恵さんに「あとは身内でめんどうを見ますから」と、お引取りを願った。

道恵さんが一線を越えたのは、それからである。彼の病室で妻とつかみあいの喧嘩《けんか》をし、手術室の前で彼の両親と押し問答をした。術後の経過が悪く、集中治療室に横たわる彼にしがみつき「私をなんとかして！」とせまった。

そして彼の死後、保子さんと同じように、複数の男性たちと、捨てばちのような不倫を繰り返している。

道恵さんに同情すべき点はたくさんある。彼の事業はあまり順調ではなかったから、道恵さんの部屋でかかる生活費はすべて彼女が出していた。外食代もそうだ。道恵さんは営業部の課長代理の職にあり、その程度の費用をまかなうことは可能だったのだ。

彼の入院や手術のために仕事を休んだし、入院と同時に求められた数十万の保証金は彼女が払い、そのまま入院代に充当されてしまった。金銭的に、明らかに持ち出しが多いのに、会社の忌引き休暇や保険金などの社会的支援はまったくない。

お通夜や葬儀への参列は拒否され、日時も場所も知らされなかった。道恵さんの部屋に残った遺品は着替えぐらいだが、形見分けも当然ながら拒絶された。

パートナーを失った衝撃に加え、彼にかけてきた金銭を思うと、割り切れなさ、納得のいかなさ、腹立ちが抑えきれないのは当然だ。

しかし、それが「不倫」なのだ。どれほど尽くしても、どんなに同情すべき点があっても、家族から見れば彼女は「敵」であり、社会や法律の保護は得られない。十年不倫を続けるとは、「困難にぶつかっても自助努力で解決していきます」と宣言するのと同じことなのだ。

妻と不倫相手という、二人の女性の間を行き来する男性は、ストレスを受ける機会も多いだろう。お金や時間の無理を重ねていれば、睡眠や休養も充分にはとれない。ついい酒量が増える、食事が不規則になるといったことも想像がつく。五十代、六十代で早すぎる死を迎える可能性は少なくない。

同じことは女性の側にも言える。ベースとなるパートナーとの関係が秘密であり、何の保障もないということは、それだけでもストレスフルだ。

恋人をつなぎとめるための美容法や運動も、ある意味では、緊張を強いるストレッサーである。不自然な時間帯の逢瀬《おうせ》や、不安や迷いをまぎらせるための飲酒や喫煙が、生活習慣病をもたらしても不思議ではない。

私は取材ノートに残る十年不倫の女たちの言葉や、ネット調査に寄せられた大量のフリーアンサー、そしてここまで書き上げてきた原稿を、あらためて読み返しながら、一人一人の顔を思い浮かべてみた。

もし、たとえばガンを告知されたとき、彼女たちのパートナーは家や車を手放してでも、最高の治療を受けさせてくれるのだろうか。

いよいよとなったら、彼らは最期《さいご》を看取《みと》ってくれるのだろうか。

実は取材を進める中で、私は十年不倫の女たちに、こう質問してみたいと何度も思った。

「もしあなたが不治の病にかかったら、彼は最期まで看取ってくれると思いますか」

「もし彼が死の床についてあなたを頼ってきたら、すべてをなげうって面倒を見てあげますか」

渦中にいる当事者に対しては、あまりにも残酷な気がして口にできなかったが、取材から間を置くなど様子を見つつ、数人に問いかけてみた。苦笑とも冷笑ともつかない、あいまいな表情をうかべてだまりこんだ女性もいる。

代表的なのは「そんなことを考えたら、不倫なんてやっていられない。不倫という関係を選んだ時点で覚悟はできている」や「考えたくないし、考えようとも思わない」という答えだった。しばらく考え込んだのちに、こう答えた女性もいる。

「彼に頼られたら、私のできる範囲で面倒を見てあげるでしょう。ただし『できる範囲』は、仕事に支障のないレベルです。すべてをなげうって……とまではいきません。彼に救いを求めたとしたら、彼も同じ対応をするのではないでしょうか」

十年不倫とは、本来は一人では生きられないタイプの女性が、孤独に耐える力をつけ、自立していくプロセスでもあるとすでに書いた。その「力」や「自立」の真価が問われるのは、彼の、あるいは自分の死というイベントを迎えるときなのかもしれない。

あとがき

二〇〇六年に『十年不倫』を刊行した後も、それぞれの「その後」を、ずっと追い続けてきた。テーマの性質上、初対面でいきなり「じつは十年以上にわたって不倫を続けています」という告白が始まることはめったにない。共通の知人がいる、同じ趣味を持っているなど、とくに約束をしなくても会える人と細く長くつきあい続けていくうちに、真実がポロリとこぼれだしてきたというケースが多かったせいもある。本人からの打ち明け話だけではなく、噂《うわさ》を通じて消息が聞えてくることもある。

十年不倫という言葉を世の中に送り出したことに対しての責任を痛感したのは、未知の読者からの手紙やメールだった。勝手に引用するわけにはいかないので、要点だけをいくつか挙げてみよう。

「私も十年不倫を経験しました。始まりは本に出てくる〇さんと同じで、終わりかたは△さんとそっくりでした」

「タイトルにひかれて買ったものの、こわくてまだ読むことができません。十二年以上つきあっている不倫相手と別れる決意ができたら、読むつもりです」

「私の不倫は現在五年目です。十年も続くはずがない、そのうち終わるだろうと思っていましたが、このまま続くのではないかと不安になってきました」

どの手紙やメールも、抑制のきいた、しっかりした文章が共通している。手紙の文字はきちんとそろっており、レターペーパーと封筒とのコーディネートも完璧《かんぺき》だ。中でも胸を打たれたのは、次のような内容の手紙だった。

「私は『十年不倫』の本に出てくる人たちが、うらやましくてたまらない。心の中にあるものを誰かに向かって吐き出すことができたら、どんなにスッキリするだろう。ある依存症を治療するために、精神科クリニックに通っているが、十年不倫の当事者であると医師には告げていない。依存症に理解を示し、励ましてくれる友人にも言えずにいる。もし打ち明けたら『依存症の原因はそれだ』と決め付けられ、別れるように言われるに決まっているからだ。簡単に別れられるのなら、十年も続きはしない。誰にも言えずに年月がたつうちに、いっそう言いづらくなってしまった。依存症と不倫、どちらとも長いつきあいになりそうだ……」

身近な知人が「じつは私も……」と語り出したこともある。男性から打ち明け話を聞く機会も増えた。こうした反響を念頭に置き、新たに取材した「その後」を盛り込んだのが、この文庫版『十年不倫』である。年齢は取材当時のもので、プライバシー保護のため仮名を使用し、状況を一部変えてあることをお断りしておこう。

ところで私自身も十年不倫の当事者になる可能性があったと書いたが、今では「絶対にありえなかった」と断言できる。

あれからの年月を考えれば、とっくに「時効」である。彼の人生の中で、私との交際がどんな意味を持っているのか、あるいは持っていないのかを聞いてみたくなり、消息を追ってみたところ、事故で亡《な》くなっていたことがわかったのである。

彼が若すぎる死を迎える寸前まで一緒にいたとしても、私の不倫は十年目を迎えることなく、ピリオドが打たれていたのだ。彼との共通の知人はいるが、私と深いつながりがあったと知る人はいない。インターネットの画面上に現われた「死去」という言葉を目にした私が、しばし硬直していたなどと、誰も想像すらしないだろう。ともあれ、時効は永遠に訪れない。

不倫にまつわるモヤモヤを抱え続けていくしかない者の一人として、取材や執筆の中で出合ってきた「対処法」を考えてみたい。まず「自分だけがワリを食っている」という思いがあるのなら、その「ワリ」の正体を直視する必要があるのではないだろうか。いらだちや怒り、不遇感などをいったん棚上げして、不倫によってどんなワリを食っていると感じるのか、それは解決することができるのかを整理するのである。紙とペンを用意してメモにまとめるのもいいし、カウンセラーなど専門家の助けを借りる方法もある。

食べ過ぎた自分をいくら責めてもダイエットの成功には結びつかない。なぜ食べすぎるのか、それはどんな場面なのかを検証し、「食べすぎずにすむ方法」を見つけるのが早道だ。家計のやりくりができず、赤字続きだという場合も、家計簿をつけてどこに問題があるかを把握する必要がある。不倫にまつわるモヤモヤも、からまった糸を解きほぐすことが、「これから」を考える第一歩となるだろう。

しかし、現実を正面から見据えるのは誰だってこわい。私も不倫体験を文章にまとめる途中で、何度もヤケ酒を飲んだことを告白しておこう。インタビューに応じてくれた女性から、翌日になって「忘れようとしていた記憶が鮮明によみがえってしまい、ゆうべは一睡もできなかった。自分の言葉が文章になると考えると、身がすくむ思いがする。申し訳ないが、昨日の話は聞かなかったことにしてほしい」というメールが届いたこともある。

不倫という関係は、人に話せないだけに比重が大きい。見た目はそうでもないが、持ってみればズッシリと重いのである。だから当事者の心の底にドスンと沈みこんでいき、いつのまにか人生を構成するベースに入り込んでしまうことにもなりかねない。そこでもう一つ、「不倫以外のベースを持つ」という対処法も、ぜひおすすめしたい。趣味の集まり、サークル、年に何度か旅行をする仲良しグループなど、仕事や利害がからまず、不倫相手との接点もないほうが望ましい。

現実を直視する勇気や、ヤケ酒回避のためだけではない。別世界に身を置くことによって、不倫による認知のゆがみを修整したり、人間関係を広げたり、自分の意外な一面に気づいたりすることができる。不倫を続けるにせよ、別れを決断するにせよ、別れざるを得ない状況に置かれるにせよ、別世界をもっているか、いないかでは大きくちがう。

お祭しのとおり、私の別世界は「マラソン」である。知人の落語家に弟子入りし、月に二度のお稽古《けいこ》も続けている。ランニングをしながら「おーい、定吉や。お隣へ行って、金槌《かなづち》を借りといで」などと、ぶつぶつと小噺《こばなし》を唱えている。

読者からメールや手紙をいただくたびに、返事をしたためたいと思いつつも、どんな言葉をかけるべきかと途方にくれ、ただ、何度も読み返すばかりである。迷いや不安を「それはそれとして」と、いったん棚上げできるような別世界を、彼女たちがすでに得ていることを願わずにはいられない。

さて、本書が生まれるきっかけとなったのは、『新潮45』に執筆した記事である。同誌の中瀬ゆかり編集長と、企画の段階から伴走してくださった編集部の中島麻美さんに、そしてベース作りからゴールに至るまで、すべての面でお世話になった新潮社木村達哉さん、文庫版の完成まで併走してくださった同社の川上祥子さんに厚くお礼を申し上げたい。精神科医の岩波明さんには、当事者の一人である私とは別の視点で、解説を書いていただいた。

取材にご協力いただいた愛晃リサーチの金子和央社長、ガルエージェンシーの渡辺直美社長には興味深いお話をうかがい、お名前を出せない多くの方々にもたくさんのご助力をいただいた。

そして自分自身の未来像かもしれないという切迫感から、無遠慮な質問を繰り返す私に、あきれたり、うんざりしたり、ムッとしたりしながらも、さまざまな想《おも》いを語ってくれた十年不倫の当事者たちに、心から「ありがとう」を言おう。

平成二十年十月

衿野未矢

解説

岩波明

本書を読み終えてまず思い浮かんだのは、ルキノ・ヴィスコンティ監督の映画『イノセント』の最後のシーンである。この映画は、『ベニスに死す』や『熊座《くまざ》の淡き星影』などで知られるバイセクシャルの巨匠ヴィスコンティの遺作であり、一九七六年に製作されていた。

舞台は十九世紀末のローマ。映画は絢爛《けんらん》豪華な貴族社会を背景に描かれているものの、ストーリーだけをみるならば、『十年不倫』に登場する男女の生きざまとさしてかわるものではない。

主人公である貴族のトゥリオは、美しく貞淑な妻ジュリアーナを顧みず、愛人である未亡人テレーザと情事を重ねていた。トゥリオは自らの男性としての魅力を疑いもせず二人の女性を支配しているつもりだったが、妻は別の男性と浮気し妊娠までしてしまう。さらに愛人からも急な別れを告げられ、主人公は失意のあまり自ら死を選ぶ。

冷たい骸《むくろ》になったトゥリオを目の前にした愛人テレーザの行動には、思わず啞然《あぜん》とした。彼女は涙を流すことも亡骸《なきがら》にすがりつくこともなく、もうこれ以上この男とかかわりになるのはまっぴらといった様子で、貴重品をかき集めてその場を立ち去ったのである。

男性の脆《もろ》さと女性のしたたかな強さを感じるシーンであるけれど、男女の関係というのは、本当のところは、薄っぺらくドライで、即物的なものなのかもしれない。本書のカップルの話を読んでいても、そのことを痛感する。

長年の恋愛の対象を思いがけず素っ気なく、廃棄物のように切り捨てる場合も起こるから不思議である。本書に登場する四十八歳の哲夫《てつお》さんは、長年の交際相手の女性から「あのね、もう行かないから。じゃあね」と電話で告げられ、何の説明もなくそのまま いっさい会えなくなった。恋愛というマジックにくるまれることで、ありふれた「情事」は光り輝くものに見えるのだろう。

とはいうものの、男女の関係は、時に暗く重く、その人の人生をすべて飲み込んでしまうような力を持つこともある。そのような場合は、著者が指摘するように、恋愛という現象に、あるいはパートナーに対して心理的な「依存」が起きているのかもしれない。

恋愛問題のストレスが、精神的な病気の症状につながることもある。早朝、精神科外来の診察室に現れた彼女は二十六歳で、そのあどけない表情は、まだ女子大生のようにも見えた。

仕草や表情は若々しく、とても魅力的だった。彼女が本書に登場する女性たちのように十年とまではいかないまでも、四年あまり妻子ある職場の上司との交際を続けているとはなかなか信じられなかった。

彼女は都内の短大を卒業して、ある大手のメーカーに就職した。相手の男性は四十歳手前で、彼女の上司だった。本書にもよく出てくるパターンである。

診察室の中で彼女は一見したところ落ち着いているように見えたが、話の内容は混乱していた。

「何も見えないんです」と彼女は言い、「今、隣にいる人がだれかもわかりません」と話す。

男性はどうしたらいいのかわからないといった不安そうな表情で、彼女を抱きかかえるようにして、すぐそばに寄り添っている。

二人は、あまり釣り合いのとれないカップルだった。男性は小柄な上に小太りで、若い女性があこがれるタイプではない。

彼の話を聞くと、昨日はいつものように彼女の部屋で食事をし、ビールを飲んでくつろいでいた。ところが男性が家に帰る素振りをみせたとたん、急に彼女が興奮し彼を罵倒《ばとう》し始めた。さらに大声をあげて窓から飛び降りようとしたのを、やっとのことで止めたのだという。そのまま一晩まんじりともせず、朝になって病院まで連れてきたのである。

この女性の状態は、「ヒステリー」と呼ばれる疾患である。このような例は、ギリシア時代から記載がある。ヒステリーは「神経症」というカテゴリに分類されるが、神経系や運動系に器質的な異常がないにもかかわらず、強いストレスによってさまざまな運動障害や感覚障害、あるいは精神面で記憶障害などの異常が生じるものである。ダニエル・キイスの作品に登場するいわゆる「多重人格」（正式には「解離性同一性障害」とよばれる）も、ヒステリーの一種だ。

幸いなことに彼女の「目がみえない」という状態は長くは続かなかった。抗不安薬（マイナートランキライザー）を服用することによって数日で回復し、仕事にもどることができた。短期間とはいえ愛人の男性を振り回し、思うように尽くしてもらうことで、満足したのかもしれない。

本書に登場する女性も男性も、比較的年齢が高い人においては、現状に満足していると語る人でも、どこか重い疲労感をひきずっている印象を受けた。それは恋愛に関するものなのかもしれないが、あるいは人生そのものへの疲弊と言えるのかもしれない。こうした男女に対する著者の目は温かいが、単行本の後書きにあるように、「不倫は人生のトッピングにとどめておくべきだ」というのがその結論のようである。

作家の島村洋子氏は、この本に対する書評の中で、「恋」というものは瞬間的なものので、それが継続するための重要な条件は「障害」であり、不倫の恋というものは、おのずから障害を含んでいるので、思いがけず長続きしてしまうことがあると語っている。

かつて「道ならぬ恋」には、刺激的で甘美であるとともに後ろ暗いイメージがつきまとっていた。昭和五十四年にテレビドラマ化された向田邦子さんの『阿修羅のごとく』（文春文庫）には、そうした心情がよく描かれている。この作品は四人姉妹の恋愛模様が主なテーマであるが、年老いた父親の「恋愛」をめぐる物語がストーリーの大きな軸となっている。

すでに引退した父恒太郎に長年面倒をみている愛人のいることが偶然判明した。これを知って、四人姉妹は長年連れ添った母を気づかい右往左往する。しかし、彼女たちも自ら妻子ある男性を愛人としたり、夫の浮気を疑ったりと複雑な立場にあった。そうした中で母ふじは、何も知らないかのように無関心な様子に見えた。ところがある冬の日、ふじは夫の愛人宅の前で長時間立ちつくし、そのまま意識を失って倒れてしまう。彼女は病院に運ばれたが、そのまま帰らぬ人となる。

婚姻というのは、しょせん人間が社会秩序を維持するために作ったいびつなシステムに過ぎない。とはいうものの、長い歴史があり広範囲に広がった制度は人間そのものを支配し、制度に従うことが幸福であると錯覚する。筆者のいう「第三世代」が「許されない関係」に抵抗感が少なく、「不倫だけど、それが何か」というように考えているとはいっても、やはりどこか無理をしているように思えてしまう。

それでも恋愛の形態が多様化し、欧米ほどではないにしろ法的制約の少ない事実婚が増加している現在において、不倫に対する社会的許容度は変化しているのだろう。本書で述べられているように、恋愛の形態としての不倫は珍しいものではなくなった。さらに、自らの体験を堂々と語ることも、よくみかける。

その一方で、ニュースキャスターや著名人が密会の現場をとらえられると、またたく間にマスコミは厳しい道徳家に変貌《へんぼう》しいっせいに非難を始める。こうした日本人のダブルスタンダードに、うんざりしている人も多いと思う。

大統領に何人愛人がいようとスキャンダルにもならないフランスのようなお国がらをみならうべきとは思わないが、当事者でもない限り、不倫という形の恋愛をさげすみ切り捨てるような態度はとるべきではないと思う。しょせん恋愛は個人的な出来事であり、道徳的、法的なシステムで管理すべきものではない。本人が好きなようにするしかないのである。

次に紹介したいエピソードは古代ローマ時代のもので、塩野七生氏の筆による(『ローマ人の物語Ⅵ　パクス・ロマーナ』新潮社)。歴史に名を残した英雄であっても、家族の個人的な恋愛問題は管理できなかったという例である。

ローマ世界に平和をもたらし、数百年にわたる繁栄の基礎を築いた初代皇帝アウグストゥスを、人々は「国家の父」と呼んだ。しかし、彼は家庭的には必ずしも恵まれなかった。

皇帝の一人娘であるユリアは、三度目の結婚で得た夫ティベリウス(後に第二代皇帝となる)から冷たく突き放されていた。夫が去ったローマで一人暮らすユリアは正式に離婚することもできないまま、奔放に多くの男性との密会を重ね、それはローマ市民の噂《うわさ》に上るようになる。恋多きユリアの一番の相手は、皇帝のかつての政敵であったアントニウスの遺児だった。

このころすでにアウグストゥスは、正式な婚姻を奨励する「ユリウス正式婚姻法」

と不倫を罰する「ユリウス姦通罪《かんつう》・婚外交渉罪法」を成立させていた。これらは当時の少子化対策の一環であったという。後者によれば、不倫関係を結んだ女性が既婚者である場合、資産の三分の一を没収され終生追放されるという罰則が設けられていた。

皇帝は自ら作った法律によって娘を厳しく罰しなければならなくなり、ユリアは島流しとなり、終生幽閉生活を送ることになった。塩野氏が言うように、たとえ実の娘であっても、人の恋愛沙汰《ざた》には干渉するといらぬ悩みが生まれてしまうのである。

わが国の天皇家においても、表だって口に出来ない男女問題のこじれが国家規模の大事件につながった例がある。

時は平安時代の末期、後に保元の乱の首謀者となった崇徳《すとく》天皇は、鳥羽天皇の第一皇子として、わずか五歳で即位した。なぜこのような幼児が即位できたかというと、崇徳は鳥羽の実子ではなく、曾祖父《そうそふ》にあたる白河法皇と鳥羽の中宮との間にできた子であったからである。当時の宮廷では白河が絶対的な権力を持っていた。このため鳥羽は崇徳を「叔父子」と呼んで忌《い》み嫌ったが、白河が死んで自らが実権を握ってからは、徹底的に崇徳を排除した。

追い詰められた崇徳は保元の乱を起こしたが敗れ、四国に島流しとなって憤死する。崇徳は「日本国の大魔縁となり、皇を取って民となし、民を皇となさん」と述べ、怨《おん》霊《りょう》となって長く天皇家に恨みを向けたと伝えられる。天皇家が武家に政権を渡すことになったのは、崇徳のたたりであると信じられており、大政奉還の折には明治天皇が崇徳の霊を静めるため京都に白峯《しらみね》神宮を創設したのだった。

臨床の現場においては、妄執としか言いようのない男女の場面に遭遇することがある。それは一見「愛情」にもとづく行動に見えても、実際のところは、単なる独占欲であったり恨みによるものだったりする。

本書にもあるように、パートナーの病気が急な別れのきっかけとなることは少なくない。患者は町工場の経営者だった七十代の男性だった。脳出血の後遺症のために両足に麻痺《まひ》があり、車椅子《くるまいす》を使用していた。彼と出会ったのは、私が嘱託医をしていた地域の保健センターが運営するデイサービスでのことだった。

彼は困った患者だった。デイサービスのプログラムでは二十人あまりの老人の集団で簡単なゲームをしたり、おやつを食べたりする。ところが、彼はじっと部屋の中にいることができないのだ。いつも落ち着きなく、些細《ささい》なことでどなり声をあげ興奮する。しかも後遺症のため、発音が不明瞭でよく聞き取れない。話が通じないため、彼はますます興奮してしまう。老人福祉の現場ではよくみかける光景である。

　彼には妻であるという小柄な女性がいつも付き添ってきていた。女性は彼と一緒に保健センターまでやってきて、夕方終わるまで部屋の隅でじっと待っていた。彼が興奮を始めると、すぐに寄り添って抱きかかえるようにしてなだめる。食事のときは職員に任すことなく、必ず介助をしていた。

　しかし彼女は単なる献身的な妻というわけではなかった。夫には長く交際していた愛人がいた。十年以上、夫は愛人宅で寝起きをし、妻とは顔も合わせていなかった。ところが重症の脳出血を発症し病院に入院したとき、妻は夫を奪い返しそれからは片時も側から離れなくなったのである。後遺症のある夫はもう周囲の状況を理解できる状態ではないが、妻の献身的な介護は十数年分の復讐《ふくしゅう》が形を変えたものなのかもしれない。

　愛や恋は人生の中で、一瞬の輝く瞬間である。しかしそれを持続させることは、結婚であろうと不倫であろうと、また別のものなのであろう。恋する気持ちがうつろになっても関係を継続することは不毛である。

　しかし不毛であることをわかっていてもそれを続けざるをえないのが、人生というものなのかもしれない。本書の女性たちは彼女たちの短くはない経験を通して、こうしたことをよくわかっているのかもしれない。

（平成二十年十月、精神科医）

この作品は平成十八年六月新潮社より刊行された。

黒川伊保子著
恋愛脳
―男心と女心は、なぜこうもすれ違うのか―

男脳と女脳は感じ方が違う。それを理解すれば、恋の達人になれる。最先端の脳科学とAIの知識を駆使して探る男女の機微。

斎藤学著
家族依存症

いわゆる「良い子」、「理想的な家庭」ほど、現代社会の深刻な病理〝家族依存症〟に蝕まれている。新たな家族像を見直すための一冊。

塩野七生著
愛の年代記

欲望、権謀のうず巻くイタリアの中世末期からルネサンスにかけて、激しく美しく恋に身をこがした女たちの華麗なる愛の物語9編。

竹内久美子著
男と女の進化論
―すべては勘違いから始まった―

女のシワはなぜできるか、背の高い男ばかりなぜもてるか、男はなぜ若い女に弱いか――日ごろの疑問が一挙に氷解する「目から鱗」本。

夏樹静子著
心療内科を訪ねて
―心が痛み、心が治す―

原因不明の様々な症状に苦しむ人々に取材し、大反響のルポルタージュ。腰痛、肩こり、不眠……の原因は、あなた自身かもしれない。

中村うさぎ著
女という病

ツーショットダイヤルで命を落としたエリート医師の妻、実子の局部を切断した母親……。13の「女の事件」の闇に迫るドキュメント！

広瀬久美子著
女の器量はことばしだい
会話を楽しみ、出会いを楽しみ、そして人生を楽しみたいあなたに。NHK人気アナウンサーによる、女性たちへの生き方アドバイス。

河合隼雄
南伸坊著
心理療法個人授業
人の心は不思議で深遠、謎ばかり。たまに病気になることも……。シンボーさんと少し勉強してみませんか？　楽しいイラスト満載。

向田邦子著
男どき女どき
どんな平凡な人生にも、心さわぐ時がある。その一瞬の輝きを描く最後の小説四編に、珠玉のエッセイを加えたラスト・メッセージ集。

群ようこ著
おんなのるつぼ
電車で化粧？　パジャマでコンビニ??　肩ひじ張る気もないけれど、女としては一言いいたい。「それでいいのか、お嬢さん」。

伊丹十三著
女たちよ！
真っ当な大人になるにはどうしたらいいの？マッチの点け方から恋愛術まで、正しく、美しく、実用的な答えは、この名著のなかに。

泉流星著
僕の妻はエイリアン
―「高機能自閉症」との不思議な結婚生活―
地球人に化けた異星人のように、会話や行動に理解できないズレを見せる僕の妻。その姿を率直にかつユーモラスに描いた稀有な記録。

大平健著
診療室にきた赤ずきん
—物語療法の世界—
赤ずきん、ねむりひめ、幸運なハンス、ももたろう……あなたはどの話の主人公？　精神科医が語る昔話や童話が、傷ついた心を癒す。

岩波明著
狂気という隣人
—精神科医の現場報告—
人口の約1％が統合失調症という事実。しかし、我々の眼にその実態が見えないのはなぜか。精神科医が描く壮絶な精神医療の現在。

河合隼雄著
こころの処方箋
「耐える」だけが精神力ではない、「理解ある親」をもつ子はたまらない——など、疲弊した心に、真の勇気を起こし秘策を生みだす55章。

亀山早苗著
不倫の恋で苦しむ男たち
不倫という名の「本気の恋」。そこには愛の歓びと惑い、そして悲哀を抱えて佇む男の姿がある。彼らの心に迫ったドキュメント。

河合香織著
セックスボランティア
障害者にも性欲はある。介助の現場で取材を重ねる著者は、彼らの愛と性の多難な実態を目撃する。タブーに挑むルポルタージュ。

髙橋秀実著
やせれば美人
158センチ80キロ、この10年で30キロ増量、ダイエットを決意した妻に寄り添い、不可解な女性心理に戸惑う夫の、抱腹絶倒の3年間。

十《じゅう》年《ねん》不《ふ》倫《りん》

新潮文庫　え－19－1

平成二十年十二月一日発行
平成二十一年二月二十日四刷

著者　衿《え》野《の》未《み》矢《や》

発行者　佐藤隆信

発行所　株式会社新潮社

郵便番号　一六二―八七一一
東京都新宿区矢来町七一
電話　編集部（〇三）三二六六―五四四〇
　　　読者係（〇三）三二六六―五一一一
http://www.shinchosha.co.jp

価格はカバーに表示してあります。

乱丁・落丁本は、ご面倒ですが小社読者係宛ご送付ください。送料小社負担にてお取替えいたします。

印刷・三晃印刷株式会社　製本・株式会社植木製本所

ISBN978-4-10-136451-3 C0195